JN064661

本をスキルとお金に変える

投資としての
読書

本山裕輔
MOTOYAMA YUSUKE
（株式会社グロービス勤務）

フォレスト出版

はじめに

定時で帰るための読書

「定時で帰りたいから」

これが、私がビジネス書を読みはじめた理由です。

さかのぼること7年前、私は外資系コンサルティングファームに新卒で入社しました。

「今まで働いたこともないのに、やりたいことなんてわかるわけがない」

「であれば、いろんな仕事をつまみ食いできるコンサル業界にでも入ろう」

「やりたいことが見つかったときに、すぐにその業界に飛び込めるようなスキルを身につけよう」

こんな軽い気持ちで、見かけ上はいわゆるキラキラキャリアを歩みはじめたわけですが、考えが甘すぎました。

「明日から君、このプロジェクトの担当ね」

夜10時に電話でそう言い渡された私は、入社して2つ目となるプロジェクトに配属されました。そこで待ち受けていたのは、毎日タクシー帰りの日々。そんな生活が待っていることは、コンサルの世界に足を踏み入れる前からわかっていたはず。激務を通してこそ、圧倒的成長が得られる——そう頭ではわかっていたのですが、実際に激務を体験してみると、その大変さは想像のはるか上をいっていました。ゆとり世代ど真ん中の私の想像力がいかに乏しかったか、おわかりいただけるでしょう。

「入る会社を間違えた……」と後悔しつつも、立ち止まって今後のキャリアを考える余裕もなく、目の前のタスクをとにかくこなしました。

すると、次第に耳鳴りがしはじめ、[Ctrl]+[Shift]+[C]のショートカットキーを押すときに指をつり、動悸もするように。ちょうど某大手広告代理店の過労死問題が取り沙汰された時期でもあり、「どうすれば、この激務を乗り切れるか?」「どうすれば電車で帰れるだろうか？」と、目先を生き抜くことで頭がいっぱいになりました。

先輩社員や優秀な同期にも相談しようと思いました。しかし、皆さんはきっと私以上に忙しい。そんな中、「この程度のことで相談しても良いのだろうか……」とウジウジ悩んだ結果、たどり着いたのが「ビジネス書」です。

ビジネス書は、お金さえ払えば、いついかなるときでも、イヤな顔ひとつせずに、悩みごとや相談ごとに答えてくれます。歴史上の偉人から、今をときめく有名経営者まで、誰にだって相談し放題です。

とはいえ、疲労困憊で体力も時間も限られているため、ムダな本を読むわけにはいきません。それに読んだ内容を忘れてしまっては、絞り出した体力も時間もすべてパーです。

そうやって試行錯誤しながら本を読み、使えそうなノウハウを1つ見つけては、仕事で試すということを繰り返しました。

「1日1％でも学びを発見できれば、1年後の生活は1・01の365乗で約37倍マシになる」

「1年後には必ず、定時帰りの日々を手に入れてやる」

そんな想いで、読んだ本のノウハウを仕事で試しまくったところ、何とかタクシーから終電、終電から夜9時の電車と、だんだん早く帰宅できるようになり、無事にプロジェクトを乗り切りました。また、そのあとに担当した別のプロジェクトでは、ついに定時で帰宅できるレベルまで生産性を底上げできました。

定時で帰るための読書。

こう書くと何だかちっぽけに思われるかもしれません。

しかし、当時の私のように、目の前の膨大な仕事や理不尽な無茶ぶりによって、残業に苦しんでいる人も多いかと思います。仮にそうでなかったとしても「昨日より今日、今日より明日、少しだけ目の前の状況を良くしたい」と願う人もいるでしょう。本書は、そんな方々のお役に立てるはずです。

投資としての読書

最初は「定時で帰るための読書」からはじまったわけですが、気づけば毎年300冊、累計1500冊以上を読み漁り、ブログで400以上の書評記事を書くようになりました。

その甲斐あって、4年前に事業会社への転職を果たし、社内のDX推進や、動画・音声コンテンツの企画発信、副業での経営支援など、興味の赴くままにたくさんのチャレンジをさせていただいています。

こうやって自分の好きなように働けているのは、試行錯誤の末「定時で帰るための読書」を「投資としての読書」へと昇華させ、本で得た学びを使い倒し、自分という資産を運用しつづけたからです。


もちろん、本選びにも数え切れないほど失敗しました。「(本の値段＋読了時間×1時間あたり機会費用)×読んで失敗した冊数」と考えると、100万円以上はムダにしたかもしれません。

本書では、そういった失敗経験も重ねて導き出した方法論「投資としての読書」を余さずお伝えします。


本書の全体像は次の通りです。

成果は読む前に決まっている「二刀流選書術」

読む前

- 長期的に育てたいアウトプットには「川下り型」の選書術
  - ――本との偶然の出会いを大切にする。尊敬する人や名経営者によるおすすめ本に目を光らせておく
  - ――一読で理解できない本や合わない本があっても「そんなものか」と割り切る（2:7:1の法則）

第2章

- 短期的に得たいアウトプットには「山登り型」の選書術
  - ――「知っていること」「やったことがあること」を読む
  - ――「困っていることは何か」「何がクリアになれば解決するか」を事前に書き出す
  - ――「わかりやすさ×深さ」チェックリストを使う

本の要点を一瞬でつかむ「ペライチ整理法」

読むとき

- 本は全部読まずに、「大事な2割」だけ読み解けばいい
- ステップ1：高速回転並読
  - ――「1回あたりの読む時間」は短くし、とにかく「回転数」を上げる
  - ――読んでいる間に「無意識」も同時に働かせる
- ステップ2：理解を「要約」してみる
  - ――要約は「要点＝問い×答え×根拠」ありき
  - ――問い×答え×根拠をA4用紙1枚（ペライチ）にまとめ、資産としてストックしていく

第3章

私の「資産本」コレクション

第4章

本書の全体像

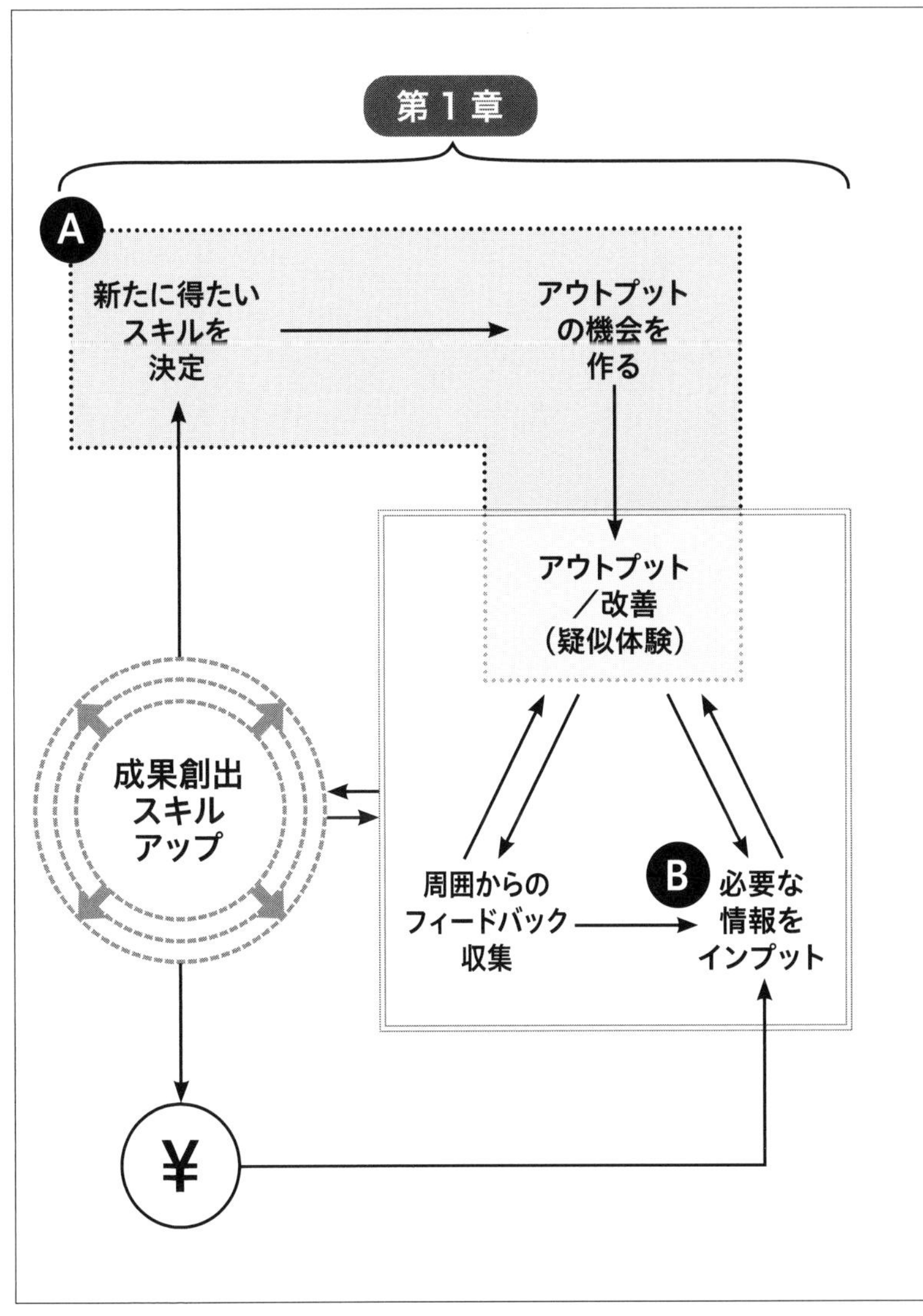

第1章
A
新たに得たいスキルを決定
アウトプットの機会を作る
アウトプット／改善（疑似体験）
成果創出スキルアップ
周囲からのフィードバック収集
B
必要な情報をインプット
¥

第1章では、読書の議論に入る前段として「独学のあり方」を整理。研究モデルや私の実体験をもとに「アウトプットありきの独学サイクル」を定義しています。そのうえで、「費用で終わる読書」「資産に変わる読書」の違いを明らかにしています。この章を読むことで、アウトプットに直結する独学の方法と、独学の一手段である読書の方向性を知ることができます。

第2章では、本を読む前の方法論として「二刀流選書術」を紹介しています。「本から得られる成果の8割は読む前に決まっている」という方針のもと、長期的に育てたいアウトプット用に「川下り型の選書術」を、短期的に得たいアウトプット用に「山登り型の選書術」をそれぞれ提案しています。

第3章では、本を読むときの方法論として「ペライチ整理法」を紹介しています。「本は全部読まずに〝大事な2割〟だけ読めばいい」という方針のもと「高速回転並読(こうそくかいてんならべよみ)」「理解を要約してみる」の2ステップで、本の学びをA4用紙1枚の「ペライチ」に整理する方法を解説しています。

第4章では、私がこれまで読んだ本の中で、特に「資産」としてフル活用している本を8冊紹介しています。いずれの本も、私が実際に書き留めている「ペライチ」を載せていますので、よろしければご参照ください。

類書との違い

とはいえ、世の中にはおびただしい数の「読書術本」があります。そこで、「はじめに」の最後の悪あがきとして、類書との違いを3つ伝えさせてください。

第一に、独学の全体像からつかむことができます。読書はあくまで独学の手段の1つにすぎません。それにもかかわらず、独学のあり方を議論せずに、いきなり読書術を語っている本が多い。そんな問題意識から、第1章の大半を使って、独学の方法論についても丁寧に解説しています。

第二に、アウトプットありきの実践的な読書術を知ることができます。多くの本は、「時間をかけずに本を読む方法」「忘れない本の読み方」など、インプットの議論に終始しています。それはそれで非常に大事な論点です。しかし、ビジネス書に限って言えば、本の学びを使ってみてなんぼ。確実に仕事の成果につなげられるよう、「インプット↓アウトプット」ではなく**「アウトプット↓インプット」の順番で読書する方法を提案しています。**

第三に、読んだ本を資産化できる「ペライチ整理法」を会得できます。これまでも、読んだ本の気づきを紙1枚に整理する方法はいくつかの本で取り上げられています。本書ではさらに踏み込んで、**「本の構造や文脈」ごと整理する技法を紹介しています。**「構造」「文脈」と書くと、少しハードルが高く感じられるかもしれませんが、ご安心ください。「これでもか」と言わんばかりに盛り込んだ図解と実例が、あなたの理解を助けてくれるはずです。

悪あがきは以上です。本書が、読書のタイムパフォーマンスを最大化させる「最良の投資」となることを願っています。

投資としての読書　目次

第1章 費用で終わる読書、資産に変わる読書

第2章

成果は読む前に決まっている「二刀流選書術」

第3章

本の要点を一瞬でつかむ「ペライチ整理法」

第4章

私の「資産本」コレクション

ブックデザイン……bookwall
本文DTP制作……近藤真史
本文図版制作……津久井直美
編集&プロデュース……貝瀬裕一（MXエンジニアリング）

第1章

費用で終わる読書、資産に変わる読書

9割の人が陥っている「独学のワナ」

読書の話をする前に「独学」について整理しておきましょう。というのも、読書は独学の手段の1つにすぎないからです。「実務に直結する読書法」を論じる前に、「実務に直結する独学のあり方」を定義しておく必要があります。

独学のあり方を検討していく材料として、私自身が長らく陥っていた「独学のワナ」について整理しておきます。

もともと私が思い描いていた独学の流れは次のものでした。

① 自分が描くキャリア・目標を踏まえて、次に得たいスキルを決める
② 得たいスキルに関する情報をインプットする
③ インプットした情報をもとに、アウトプットする

目標に沿ってインプットしてからアウトプットする。
たとえば、学生の頃に、進学したい志望校（目標）を決めて、試験の出題範囲を学習（インプット）して、模擬試験や本番（アウトプット）に臨む——これが、私たちが昔から慣れ親しんでいる順番です。

しかし、この順番で学んでいくと「独学のワナ」にハマります。

たとえば、アプリのUXデザインを学びたいとしましょう。先にUXデザインの本をインプットすると、完璧主義な人ほど、インプットするたびにアウトプットから遠ざかってしまいます。

「UXデザインの本を読むだけでは、情報が足りない。次にUIデザインの本を読んでから、アウトプットしてみよう」
「UIデザインの本を読んでみたけれど、まだ情報が足りない。次はデザイン用のツールの使い方をユーチューブで学んでから、アウトプットしてみよう」
「ツールの使い方を学んでみたけれど、すぐに仕事で使う自信が持てない。先にUI

／ＵＸデザインのスクールに通ってから実務に挑戦してみよう」

学びつづければ、いつか「学びを仕事で活かす準備が整う瞬間」がやって来るはず——そう思いたい気持ちはよくわかります。しかし残念ながら「準備ができたら」「能力が身についたら」などという瞬間は、いつまで待っても訪れません。あなた自身もうすうす気づいているはずです。

それにもかかわらず「インプットを十分に行なってから、アウトプットしよう」と思ってしまうのはどうしてなのでしょうか？

それは、ビジネスの世界での勉強を、試験勉強の延長と捉えてしまうからです。私たちが幼少期から慣れ親しんでいるのは、出題範囲を完璧にインプットしたうえで試験に臨む「試験勉強」のほうです。

一方で、**ビジネスにおける勉強では、テストそのものやテストを実施する機会を自分で作る必要があったり、いくらでもカンニングがＯＫ**だったりします。学生時代のインプット主体の試験勉強とは大きく異なります。

両者の違いを理解しないまま、インプットに先に力を入れすぎるほど、アウトプットから遠ざかっていく。これが「独学のワナ」の正体です。

MBAの取得を通して「アウトプットありきの独学」の正体を知った

これまで「独学のワナ」に苦しんできた私ですが、何もアウトプットを軽んじていたわけではありません。もともと独学や読書術の本を何冊も読んでいたので、「独学はアウトプットありきで進めるべきである」ということは知っていました。ただそのときは、「インプットをしたら、必ずアウトプットの場を設けたほうがいいのだな」くらいの認識でいました。

しかし、MBA（経営学修士）の取得を目指して学ぶ中で、その認識が甘かったと痛感させられました。MBAスクールの授業では、予習段階で次のことをやっておく必要があります。

・企業の事例や財務情報が大量に書かれた「ケース」が事前に配布されるので、それを読み込む

・「自分が当事者だったとすると、どんな意思決定をするか」について考えをまとめる

ただ、いきなり「ケース」を渡されても、その内容を理解できるだけの事前情報を持ち合わせていない状態で予習をスタートするので、「ケース」を読んでいくうちに「ROE（自己資本利益率）とは何か？」「企業価値はどうやって算出すれば良いのか？」など、頭の中に大量の疑問符が浮かんできます。

しかし、頭の中に浮かんだ疑問符をすべて解消する時間はありません。昼間に通常の仕事を続けながら、MBAの授業では並行して2〜3科目をこなす必要があります。授業の日は次から次へと迫ってくる。何も予習できていないと、授業代がパーになってしまう――そんな危機感から「予習の提出物」というアウトプットを完成させるべく、必要な情報を取捨選択しながら、死にもの狂いでインプットしていきます。

とにかく「提出物の圧力＝難易度×頻度×緊急度」が大きい。だからこそ、インプットの効率が爆上がりしました。

そして、何とか用意したアウトプットを持参して授業に臨むと、次に待っているのはフィードバックの嵐です。

講師が「誰か予習内容について発表してくれる人はいますか？」と呼びかけて、生徒が発表するわけですが、発表者には四方八方から質問やフィードバックが降り注ぎます。すると、質問やフィードバックの内容が理解できず、またしても頭の中が疑問符だらけになります。

たとえば、「コングロマリット・ディスカウント（多角化企業の株価低迷）を考慮していますか？」と質問されたが、意味がまったくわからない。こんな疑問を解消するために、またインプットを繰り返していきます。

これまで述べたことを振り返ると「アウトプットありきの独学」の正体が見えてきます。効率の良い独学を行なうためには、次の3つの条件を満たす必要があります。

① 目の前にアウトプットの機会が設定されている
② 今の自分の知識量やスキルでは、相手から期待されているアウトプットは出せない
③ ①と②のギャップを埋めるために、インプットする必要がある

アウトプットありきで学んだら、未経験のUI／UXの仕事もできるようになった

アウトプットありきの独学、これはMBAの取得以外の分野でも有効でした。友人が経営するスタートアップで新サービスを開発していたのですが、どうしても人手が足りず、そのサービスのUI／UXデザインを私が担う機会がありました。友人から声をかけてもらったときは、UI／UXデザインの知識など一切持ち合わせていませんでした。以前の私であれば、UI／UXデザインの本を読み込むところから

スタートしていたでしょう。

このとき私は、インプットからはじめたい気持ちをグッとこらえて、いきなりアウトプットからスタートしました。当初はパワーポイント以外に心当たりのあるツールがなかったため、それを駆使して「こういう画面の見た目にしたらいいのではないか」とUIらしきものを描画してみました。

そうやって不細工でも不格好でもいいのでアウトプットしてみると「そういえば画面にボタンを設置するときは、一般的にどんなデザインにすればいいのだろうか？」とか「画面に情報を配置していくときに、何かセオリーがあるのだろうか？」などの疑問点が出てきます。それらの疑問点を解消したいと思ったタイミングで、ようやくインプットの出番です。

疑問点がすでに明確になっていますから、本をパラパラ読んで、知りたい箇所だけをピンポイントでインプットできます。また、いったんパワポでUIを描いたことがある状態で本を読むからこそ「UIを作るFigma（フィグマ）というツールがあるのか。

画面の移り変わりやスクロールの動きまで描写しようとすると、パワポよりもこっちのほうが便利そうだな」と、解像度の高い気づきが得られます。

以上のように、アウトプットのあとにインプットをしてみて、周りからもフィードバックしてもらうサイクルを回していたら、3カ月ほどで副業としてお金をいただける程度のスキルが身につきました。

経験を起点に学ぶ「経験学習モデル」

ここまで私の体験談をベースに「アウトプットありきの学習が大事だ」と述べてきました。これだけですと、単なる私個人の体験にすぎないため、理論やデータの裏づけをお伝えしておきましょう。

マイケル・ロンバルドとロバート・アイチンガーが1996年に出版した『Career Architect Development Planner』（未訳）によると、ビジネスパーソンにとっての学びの源泉は「仕事を通した経験が70％」「他者とのかかわり・薫陶が20％」「研修が10％」とされています。この研究からも、ビジネスで役立つ能力を得るには、読書や研修よりも、現場でのアウトプットが最も有効だとわかります。**何かを学び取るためには、アウトプットを中心に据えなければなりません。**

また、別の研究として、組織行動学者デービッド・コルブが提唱している「経験学習モデル」があります。経験学習とは、自分が実際に経験したことから学びを得ることです。そのプロセスを理論化したものが経験学習モデルです。これは、次の４つのステップから成り立つリイクルを回し、効率良く学習していくモデルです（31ページ図1－1）。

経　験：初めての分野や業務内容に対して、自ら考えて行動し、経験を積む
振り返り：あらゆる角度から経験を振り返る
概 念 化：１つの経験から得られた気づきを、ほかの場面にも展開できるよう持論化する
試　行：持論化したことを新しい場面で試してみる

経験学習モデルは「経験」からスタートします。当然、最初に何かをアウトプットしなければ経験を得られませんから、このモデルの出発点はインプットではなくアウトプットです。

では、経験学習モデルにおいて、インプットの出番はいつなのでしょうか？

私のほうでこのモデルに追記するならば、インプットは「経験を振り返って概念化するための材料」として位置づけられます。経験によって得られた断片的な知識を、読書を通して体系化して整理するようなイメージです。先ほど述べたＭＢＡ取得時の学び方や、ＵＩ／ＵＸデザインの習得の仕方も、この経験学習モデルに即していたことになります。

図 1-1：経験学習モデルとインプットの位置づけ

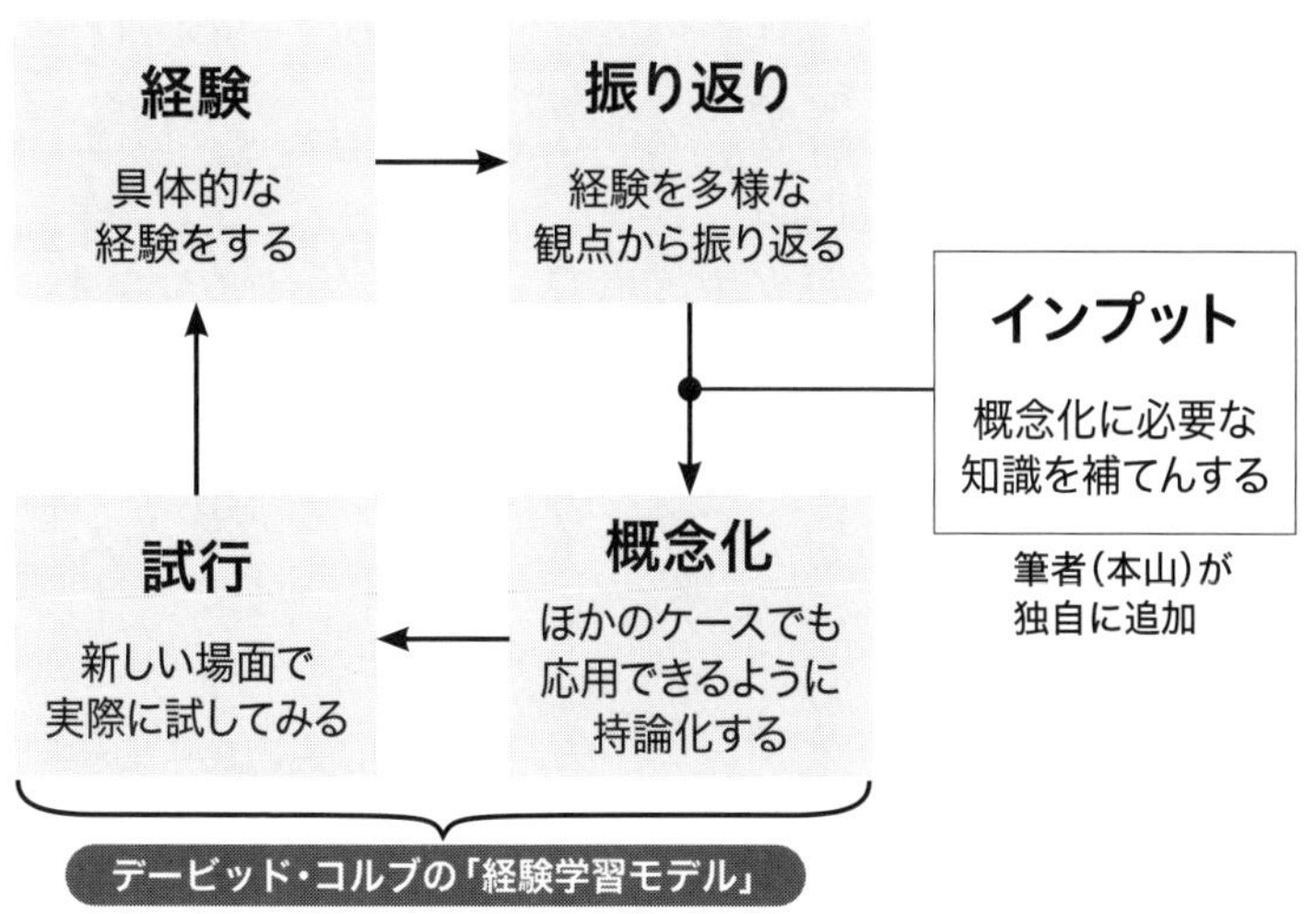

最短でスキルを獲得できる「アウトプットありきの独学サイクル」

ここまでＭＢＡ取得の際の経験、ＵＩ／ＵＸデザインのスキルを体得した経験を述べてきました。これらの経験と、先ほどの経験学習モデルを照らし合わせて作ってみたものが「アウトプットありきの独学サイクル」です（次ページ図1-2）。

繰り返しになりますが、最短ルートで効率良く独学を進めるためには、次の３つの条件を満たす必要があります。

①　目の前にアウトプットの機会が設定されている
②　今の知識量やスキルでは、期待されているアウトプットは出せない
③　①と②のギャップを埋めるために、インプットする必要がある

図 1-2：アウトプットありきの独学サイクル

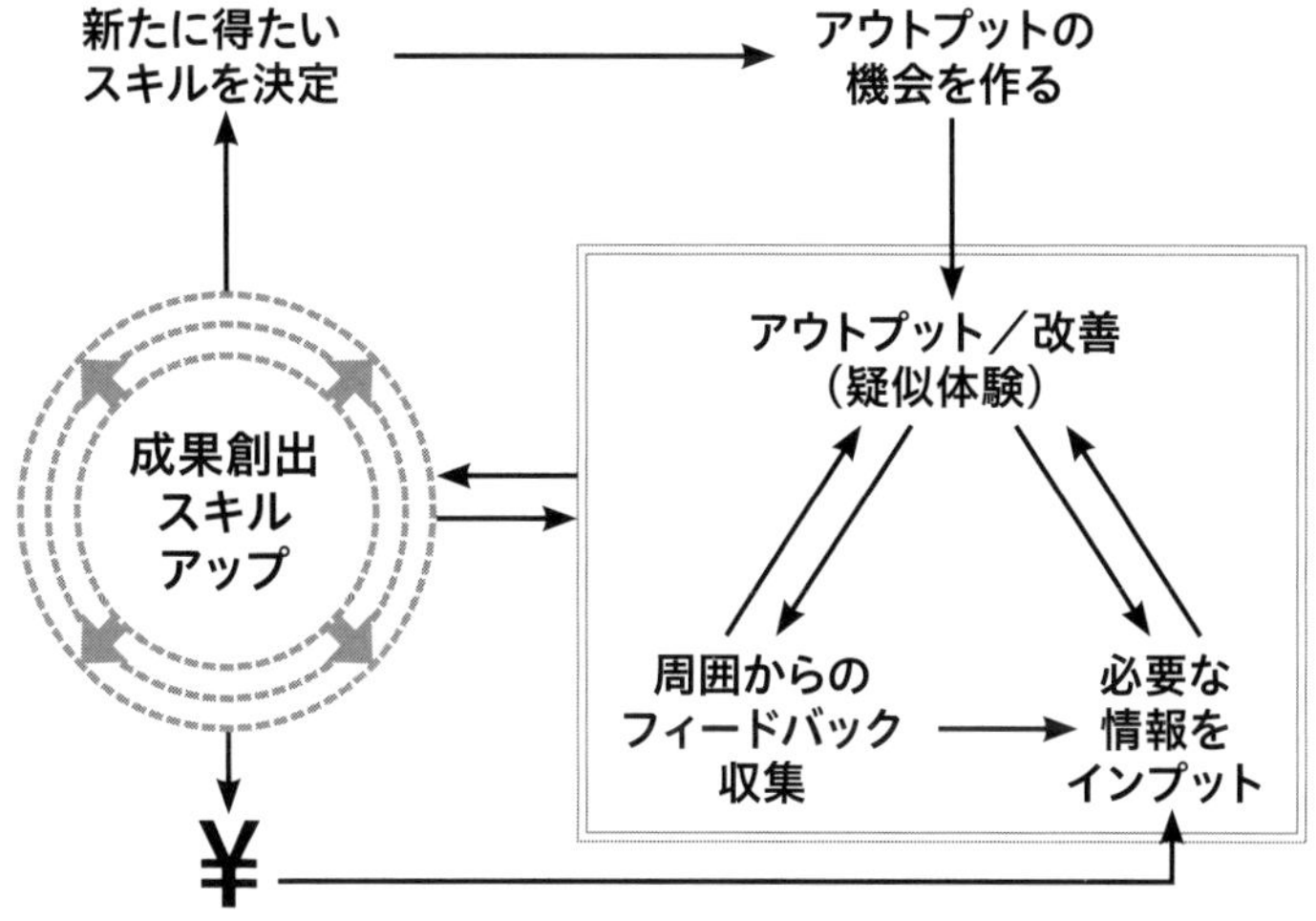

この条件を満たすように設計したものが、前ページ図1-2の「アウトプットありきの独学サイクル」です。これには次の6つのステップがあります。

独学のステップ❶ 新たに得たいスキルを決める

独学のステップ❷ アウトプットの機会を作る

独学のステップ❸ アウトプットする

独学のステップ❹ 周囲からのフィードバックを収集する

独学のステップ❺ 必要な情報をインプットする（本書で紹介する読書術はこちら）

独学のステップ❻ 成果創出・スキルアップしながら、再投資する

順番に見ていきましょう。

独学のステップ❶ 新たに得たいスキルを決める

独学をスタートさせるには、まず「どんなスキルを得たいか？」を決める必要があります。どういうスキルを選べば良いのかというと、**「自分がすでに持っているスキル・経験を横展開できる分野のスキル」を身につけることをおすすめします。**

なぜならば、アウトプットの機会を設けやすいからです。「目の前にアウトプットの機会が設定されていること」は効率の良い独学の条件の1つでしたね。

例として、「私はなぜUI／UXデザインのスキルを学ぼうと思ったのか」を説明します。

私自身は、もともと「データビジュアライゼーション」のスキルを持っていました。これは、社員が分析・アクション出しをしやすいように、データの分析結果をわかりやすく可視化するスキルのことです。

具体的には、「営業メンバーが、どんな順番で、どのように数字を深堀りしていくかを考えると、グラフをどういう見た目にしたほうが良いだろうか？」「経営層が数字を見るときは、どういう見た目のグラフを、どの順番で配置したほうが良いのだろうか？」と、利用者がツールを日常業務で使う場面を想定しながら、画面を設計していきます。

さて、新しく得ようとしているＵＩ／ＵＸデザインのスキルと、すでに持っているデータビジュアライゼーションのスキルを見比べてみましょう。

ＵＩ／ＵＸデザインのスキルは「利用者がサービスを使うときの体験や行動を踏まえながら、アプリの画面などをデザインするもの」です。

一方のデータビジュアライゼーションのスキルも、抽象化すると「利用者がサービスを使うときの体験や行動を踏まえながら、分析用の画面をデザインすること」といえます。

すでに持っているスキルと、新しく得たいスキルに共通点があると、アウトプットの機会を設定しやすくなります。

たとえば、職場でも「このサービスのＵＩ／ＵＸデザインに挑戦させてください。データをわかりやすく可視化して現場に導入したスキルを活かせると思うんです」と上司を説得できれば、小さめの仕事から挑戦する機会を得られるかもしれません。

このように、「自分がすでに持っているスキル・経験を横展開できる分野のスキル」を狙っていくと、仕事の場でアウトプットする機会を得やすくなります。仕事の場のように、ある程度の強制力や緊張感があるほうが、「効率良くインプットをしなければ」というマインドになりやすいはずです。これが、得たいスキルを決めるときの、たった1つのコツです。

独学のステップ❷ アウトプットの機会を作る

得たいスキルを決めたあとは、そのスキルをアウトプットする機会を作っていきます。アウトプットの機会は、基本的に以下の２パターンしかありません。

①　本番（仕事）でアウトプットする機会を作る
②　練習でアウトプットする機会を作る

まずは、本番（仕事）でアウトプットの機会を作れないか考えてみましょう。なぜならば、仕事の場でアウトプットしたほうが、スキル獲得の強制力が働きますし、周りからフィードバックも得やすいからです。

先ほど述べたように「自分がすでに持っているスキル・経験を横展開できる分野のスキル」であれば、仕事の場でアウトプットの機会を作るのも難しくありません。

一方で、仕事でアウトプットの機会を作ることが難しい場合は、「本番に近い練習の場」を設定してみましょう。

たとえば、次のようなイメージです。

・UIデザインの練習のために、専用のツールを使って、評判の良いアプリを模写してみる

・経営の意思決定の練習のために、ビジネススクール（たとえばMBA）に通ってみる
・Webマーケティングの練習のために、自分でブログを立ち上げて、SEO対策（Webサイト上での検索順位を上げる取り組み）をやってみる

このように、**得たいスキルを「疑似体験できる場」をあらかじめ作っておけると、経験学習モデルにおける「経験」をいち早く獲得できます**。

以上、アウトプットの機会を作る方法を述べました。ここで重要なのは、インプットよりも先にアウトプットの場を設定しておくことです。本や動画やセミナーなどのインプットに手を出したくなる気持ちをグッとこらえて、スキルを使う機会を先に作ってしまいましょう。

独学のステップ❸ アウトプットする

得たいスキルをアウトプットする機会を作れたら、さっそくそのスキルを使ってみましょう。

たとえば、先ほどのUI／UXデザインの仕事であれば、デザインの本や動画に目を通す前に、手書きやパワポなど馴染みのある方法で、現在のWebサービス画面の改善案を書いてみます。そうすると、次々と疑問が湧いてくるはずです。「戻るボタンはどこに設置すれば良いのか？」「削除ボタンと保存ボタンは色を分けたほうがいいのか？」「複数の色を使用するとき、相性の良い組み合わせにはどんなパターンがあるのか？」「そもそも、どんなユーザーがどんなシーンでどんな機能を使いたいのか？」「カスタマージャーニーというキーワードを耳にしたことがあるが、どうやって考えればいいのか？」など、頭の中が疑問符でいっぱいになるはずです。

このように具体的な疑問点が生まれたタイミングで、ようやく本や動画の出番がやってきます。知りたいことが具体的になっているぶん、効率的に知りたい情報を拾い上げていくことができます。

独学のステップ❹ 周囲からのフィードバックを収集する

アウトプットをしたあとは、周囲からフィードバックを集めていきます。なぜフィードバックを得る必要があるかというと、1人で学ぶだけでは気づけないこと、気づきにくいことがたくさんあるからです。

自分に対する自他の認識の違いを知るツールとして「ジョハリの窓」があります。ジョハリの窓では、自分に対する認識は「自分はわかっている／わかっていない」と「他人はわかっている／わかっていない」の2軸によって分類されます。

下の図1-3の四象限のうち、自分にはわかっていないが他人はわかっている「盲点の窓」に気づくための手段こそ、

図1-3：ジョハリの窓

	自分はわかっている	自分はわかっていない
他人はわかっている	**開放の窓**	**盲点の窓**
他人はわかっていない	**秘密の窓**	**未知の窓**

周囲からのフィードバックです。

とはいえ、フィードバックを得られるかどうかは、置かれている状況やスキルの種類によって変わってきます。

仕事の場でアウトプットしている場合は、比較的フィードバックを得やすいでしょう。なぜならば、上司・ユーザー・クライアントといった利害関係者がいるからです。利害関係者であれば、自分がダメージをこうむらないために、率直に意見を言ってくれる可能性が高くなります。

一方、仕事以外の場で、練習がてらアウトプットしている場合は、フィードバックを集める方法を考える必要があります。

たとえば、UI／UXデザインであれば、練習で作ってみたアプリのデザインを家族や友人に見せて、使いやすいかどうか意見を募ることもできるでしょう。しかし、データサイエンスのように専門知識が必要なスキルについては、フィードバックできる人が限られています。高い専門知識が求められる分野についてフィードバックをもらいたい場合は、専門のスクールに通うことも視野に入れてみてもいいでしょう。

独学のステップ❺ 必要な情報をインプットする

この段階でようやくインプットの出番です。

ここまで述べてきた独学のステップ❶〜❹までの流れを整理しておくと、先にアウトプットしたことで、具体的な疑問点が山ほど浮かんでいる状態です。また、運が良ければ、周囲からのフィードバックもいくつか手元にそろっているでしょう。

このタイミングでインプットすると、知りたい情報を効率的に集めることができます。すでに疑問点が具体的になっているので、その箇所に絞って本や動画に目を通せば十分だからです。

また、**一度やったことがある状態で本を読んでいくと、頭の中を整理できます。**アウトプットしかしていないと、経験や知識が「断片的」なまま、脳内で散らかっています。本を読むと、それらの断片的な情報を体系的につなぎ合わせることができます。

以上が、「インプット→アウトプット」ではなく「アウトプット→インプット」の順番に変えることで得られる効用です。

独学のステップ❻ 成果創出・スキルアップしながら、再投資する

ここまで述べてきた独学のステップ❸〜❺の「アウトプット／改善」「周囲からのフィードバック収集」「必要な情報のインプット」のサイクルを回していくと、次第にスキルのレベルが上がり、成果が大きくなってきます。

たとえば、これまで何度も例に挙げているＵＩ／ＵＸデザインのスキルが上がり、1つのボタンのデザインしかできなかったのが、画面全体のデザイン、さらにはアプリ全体のデザインへと、成果が拡大していくイメージです。

スキルがレベルアップして、成果が大きくなってくると、得られる報酬も増えていきます。その報酬を、さらなるインプットに再投資すると、よりスキルアップできて、好循環が回っていきます。この好循環によって、得たいスキルが「継続的にお金を生み出す資産」として蓄積されます。

費用を資産化できるか否か

ここまで、実務に直結する読書法に迫るためにも、「実務に直結する独学のあり方」を定義してきました。もしかしたら、すでにお気づきかもしれませんが、これから語る読書術は、先ほど述べた「アウトプットありきの独学サイクル」の1つのパーツにすぎません。あくまで人事なのは「独学はアウトプットありき」という考え方です。このスタンスで、第1章のタイトルである「費用で終わる読書、資産になる読書」についてお話しします。

ここでいう費用とは、すでに使ってしまったお金や時間のことです。

たとえば､パンを作るのに必要な材料（小麦など）のように「1度使ったらおしまい」のもの、それが費用です。

一方、資産とは、収益を上げるために継続的に使われるものを意味します。たとえば、工場やその設備のように収益のもととなる商品を継続的に作ってくれる存在です。

この話は先ほどの独学の話にも当てはまります。

たとえば、100万円を払ってプログラミング教室に通ったとしましょう。もし、身につけたプログラミングスキルを使って、給料を継続的に稼ぐことができれば、そのスキルは立派な「資産」といえます。逆に、苦労して身につけたプログラミングスキルをまったく使わなければ、「単に出て行ったお金＝費用」になってしまいます。

この考え方を読書にも当てはめてみましょう。

費用で終わる読書

たとえば、毎年開催されている「読者が選ぶビジネス書グランプリ」というコンテストがあります。このコンテストには名著が数多くノミネートされます。2020年にグランプリに輝いた『シン・ニホン』（安宅和人、NewsPicksパブリッシング）は、多くの人が手に取ったことでしょう。私も周囲の知人たちから「『シン・ニホン』を読んでみたけれど、本当にすごい本だった。絶対に読んだほうがいい」とすすめられました。

しかし、「『シン・ニホン』の何がすごかったの？」と聞いてみると「いや……、何と言うか、『シン・ニホン』はとにかくロジックとファクトがすごかったんだよ」「今後の日本の行く末が書かれていたよ。まあ、読んでみればわかるよ」などと、煙に巻かれることも少なくありませんでした。本の内容を理解して血肉化できていない人たちからは、得てしてこういう反応が返ってきます。このような「読んだのにきちんと説明できない状態」を、私は「費用で終わる読書」と呼んでいます。

この「費用で終わる読書」がどれくらい深刻なのかは、次の式で計算できます。

（本の値段＋読了時間×1時間あたりの機会費用）×読んだ冊数

機会費用とは、「本を読む時間を別の時間にあてたときに、得られたであろうお金」をさします。

たとえば、本を1冊読むのに2時間かかったとしましょう。その2時間を時給2500円の副業にあてていれば、5000円を得られたはずです。

本の価格に目がいきがちですが、機会費用にも注意しておかねばなりません。仮に毎月5冊読んでいたとしたら、毎月2万5000円がかかり、年間でも30万円もの費用が発生しています。読書には思っている以上にお金がかかっているのです。

これだけコストを割いたのにもかかわらず、読んだ本について「すごい本だったよ」とひと言で終わってしまうのは、あまりにももったいない。こういった読書は「費用で終わる読書」です。

資産に変わる読書

それに対して「資産に変わる読書」とは、「本で得た学びによって何かを継続的に生んでいる状態」をさします。

先ほどの『シン・ニホン』を例に挙げると、この本から得られる学びは、50〜51ページの図1-4のように整理できます。こうやって紙1枚に整理しておくことで、本の学びを資産として取り回しやすくなります。

そして、本書に登場する「ビジネス力×データサイエンス力×データエンジニアリング力」という枠組みに着目したとしましょう。この枠組みに共感して、「ビジネス力×データサイエンス力×データエンジニアリング力」の3つを学習して、スキルアップを図ったとします。すると、この本で学んだことが、スキルという無形資産へと変わります。

そのスキルをさらに活用すれば、転職をして年収を上げることもできれば、コンテンツ化してブログやセミナーなどで発信して収入を得ることも可能でしょう。

ここで重要になってくるのは**「費用の資産化」**という考え方です。読書に限らず、おそらく誰もが「他人よりも時間やお金をかけているもの」があるはずです。

たとえば、次のようなものです。

日本を見てみると…

・才能と情熱の多くが解き放たれていない
・大半の産業分野で大きな伸びしろ
・R＆D的には片翼飛行状態
・データ×AIの3条件（データ、処理力、人材）で大敗

・そのためにも…まずはAI-Ready化が必要

大課題②：リソース配分

- 調達を見直す
- あらゆるコスト前提、必要前提を疑う
- データドリブンで発生コストを解析して打ち手を打つ
- 松竹梅化の視点をさまざまなものに導入する
- 自動化できるものは片っ端から自動化する
- 煩雑なプロセスを見直し、コアプロセスを再整理する
- 治療・ケア以前にできる限り予防する
- 都市以外、特に過疎地域のインフラコストを劇的に下げる

図 1-4：『シン・ニホン』からの学び

時代の全体観と変化の本質

- 多面的に不連続な局面
- すべての世界がデジタル×AI化する
- 変化は想定以上に速い
- スケールよりも刷新、創造が重要
- 未来＝課題×技術×デザインである

日本の勝ち筋は？

- 第二、第三の波が勝負
  - ―― 第二の波：データ×AI化の二次的応用
  - ―― 第三の波：あらゆるものや産業がつながるエコシステム

大課題①：人づくり

生まれた資金を教育に投じる

この面白い時代局面で価値を生み出せる人を生み出す

- 「異人」がカギを握る
  - ―― あまり多くの人が目指さない領域のいくつかでヤバい人
  - ―― 夢を描き、複数の領域をつないで形にする人
  - ―― どんな話題でもそれぞれ自分が頼れるすごい人を知っている人
- ただし、人としての魅力は忘れないように
  ⇒運×根×勘×チャーム

多面的な人材をAI-Ready化させる

- AI×データを解き放つためのスキルを手に入れる
  ⇒ビジネス×データサイエンス×データエンジニアリング
- 生々しい知的／人的経験をベースに「知見」し判断／伝達する力が大事

「激務で残業時間がとてつもなく長いプロジェクトを担当することになった」
「子育てと仕事と大学院での学習が重なって、恐ろしく忙しい思いをした」
「毎月10万円以上を洋服の購入代金に使ってしまう」

こういった「他人よりも時間やお金を割いているもの」「人よりも苦労している経験」をそのまま放置しておくと、ただの「費用」として右から左に流れて行ってしまいます。激務の経験を「あのときは大変だったなあ」と昔話だけに使うのは、あまりにも、もったいないでしょう。

このとき「費用を資産化する」という考え方を持っている人は、次のような行動を取ります。

「激務で働いて身についた時短スキルを勉強会やセミナーで教えてみよう」
「子育てと仕事と大学院での学習の3つを支障なく成立させる方法をブログで発信しよう」

「毎月10万円以上を洋服に使っているから、どんな視点でどんな洋服を選んでいるかをユーチューブで発信してみよう」

こういった意識を持っておくと、お金や時間を使った経験や苦労した経験を、「一生価値を生み出しつづける資産」へと進化させることができます。この考え方で本を読む方法が「費用を資産に変える読書術」です。

では、費用を資産に変えるためには、具体的にどのように本を選び、読んでいけば良いのでしょうか？

本書では次の順番で話を進めていきます。

・何を読めばいいのか？……「第2章　成果は読む前に決まっている『二刀流選書術』

・どう読めばいいのか？……「第3章　本の要点を一瞬でつかむ『ペライチ整理術』」

第1章

まとめ

○「インプットに先に力を入れすぎるほど、アウトプットから遠ざかっていく＝独学のワナ」には注意が必要。「アウトプットが先、インプットが後」のほうが、実は効率的である。

○次の「アウトプットありきの独学サイクル」を回していくと、最短で欲しいスキルを獲得できる。

独学のステップ❶ 新たに得たいスキルを決める

独学のステップ❷ アウトプットの機会を作る

独学のステップ❸ アウトプットする

独学のステップ❹ 周囲からのフィードバックを収集する

独学のステップ❺ 必要な情報をインプットする（本書で紹介する読書術はこちら）

独学のステップ❻ 成果創出・スキルアップしながら、再投資する

○「アウトプットありきの独学サイクル」を念頭に置くと、「費用で終わる読書」と「資産に変わる読書」の違いが見えてくる。

・「費用で終わる読書」は、読んだ内容が自身のアウトプットに反映されず、「(本の値段＋読了時間×1時間あたりの機会費用)×読んだ冊数」が垂れ流されてしまう状態を指す

・「資産に変わる読書」は、本で得た知識やスキルによって、継続的に何かを生んでいる状態を指す

○「資産に変わる読書」のために、本書では以下の方法論を解説する。

・何を読めばいいのか？……「第2章　成果は読む前に決まっている『二刀流選書術』」

・どう読めばいいのか？……「第3章　本の要点を一瞬でつかむ『ペライチ整理術』」

第2章

成果は読む前に決まっている「二刀流選書術」

読書の成果は「何を読むか？」で8割決まる

読書をするうえで考えるべき論点は大きく２つあります。

・何を読めばいいのか？
・どう読めばいいのか？

あなたは、どちらのほうが大事な論点だと思いますか？

本屋さんに行くと、速読術や読書中のメモの取り方、記憶に残るような読み方など「どう読めばいいのか？」が書かれた本がたくさん置いてあります。「いかに効率良く読むか」に関心を持つ人が多いのでしょう。

しかし、私は「何を読めばいいのか？」のほうが大事だと考えています。有名な言葉「Garbage In, Garbage Out（ゴミを入れたら、ゴミが出てくる）」の通り、**いくら速く正確に理解しながら読むノウハウを持っていたとしても、駄本を手に取ってしまえば元も子もありません。**第1章で述べた「費用で終わる読書」になってしまいます。

一方で、良書と出会えれば、多少読むのに時間がかかっても、良質なインプットを獲得できます。

では、どうすれば良書と出会う確率を上げられるのでしょうか？

カギは「本から得たいアウトプットを、本を選ぶ前に入念に設計しておくこと」です。

第1章で述べたように、効率良く独学していくためには、得たいアウトプットについて熟慮しておく必要がありました。読書もまったく同じで、あらかじめ本から得たい成果を解像度高く定義しておけば、そのぶん良書と出会える確率も上がります。そこで、この章では、得たい成果を定めて良書を一発で選ぶための「二刀流選書術」を解説します。

筋トレと同じように全体観を持ちながら、鍛えたいスキルを決める

まずは筋トレと同じで「自分は全身の中のどの筋肉を鍛えようとしているのか？」を言語化します。筋トレをするときも、いきなり「とりあえずスクワットをやろうかな」とは思いませんよね。「最近、足腰の衰えを感じるから、下半身を鍛えるために、スクワットをやろうかな」と考えるはずです。

読書も筋トレとまったく同じです。ビジネス書を手に取る前に「自分が持つビジネススキル全体の中で、どの部分を鍛えるのか？」を考えていきます。

私はビジネススキルの全体像を次ページの図2-1のように整理しています。

たとえば、「最近は社内の根回しに失敗して、企画の立ち上げに時間がかかってしまったな」と感じたときは、「自分のビジネススキル全体の中で〝リーダーシップ・影響力〟のスキルが弱いとわかったから、これを集中的に鍛えるぞ」と考えるのです。

図 2-1：ビジネススキルの全体像

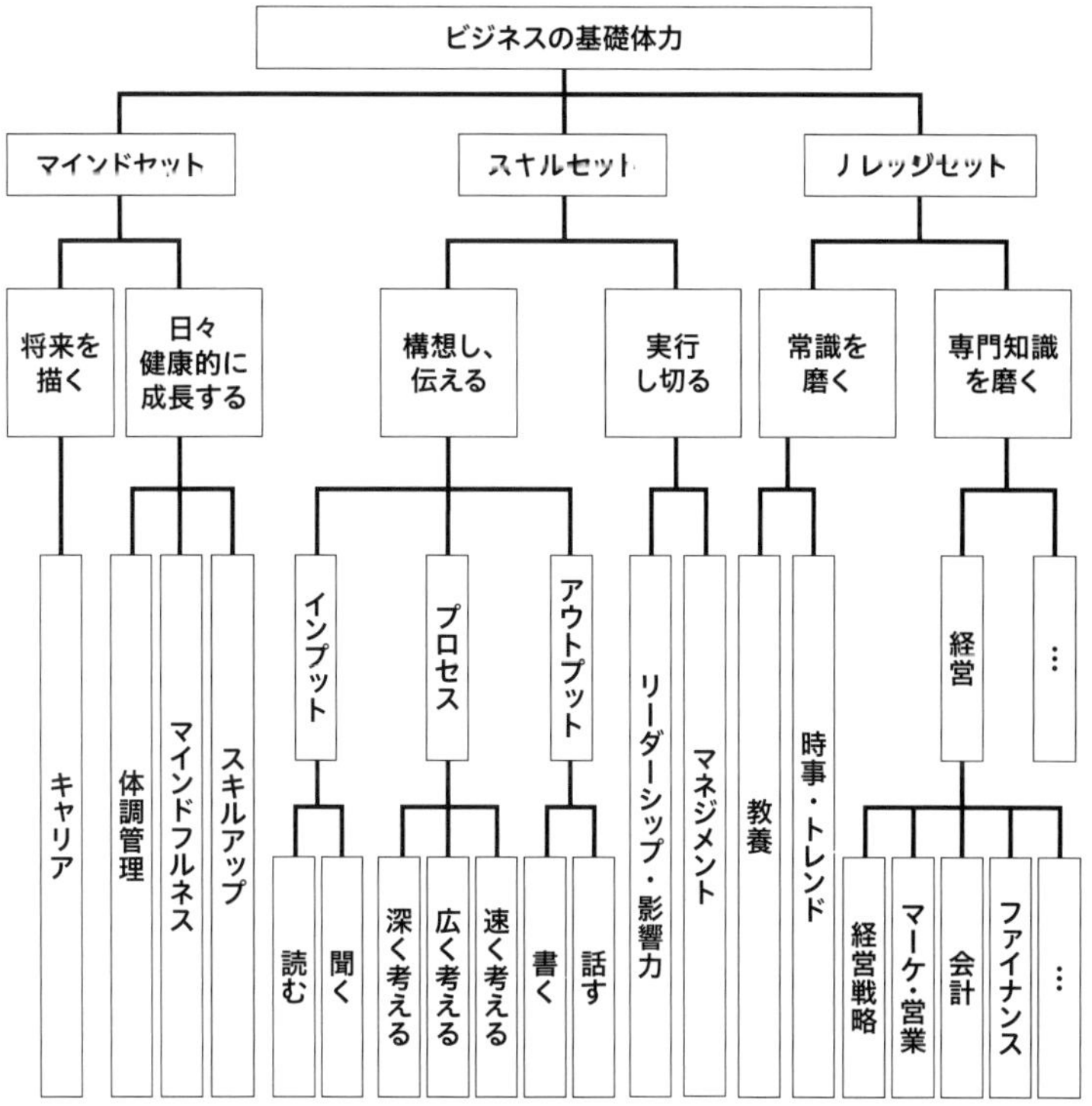

鍛えるスキルを明確にしたあとは、「具体的にどんなアウトプットが欲しいのか？」を考えます。読書によって得られるものは**「長期的に育てたいアウトプット」**と**「短期的に得たいアウトプット」**の２種類に分けられます（次ページ図２－２）。そして、この２種類に応じて本の選び方を使い分ける手法こそ、この章のテーマである「二刀流選書術」です。

図 2-2：得たいアウトプットの種類

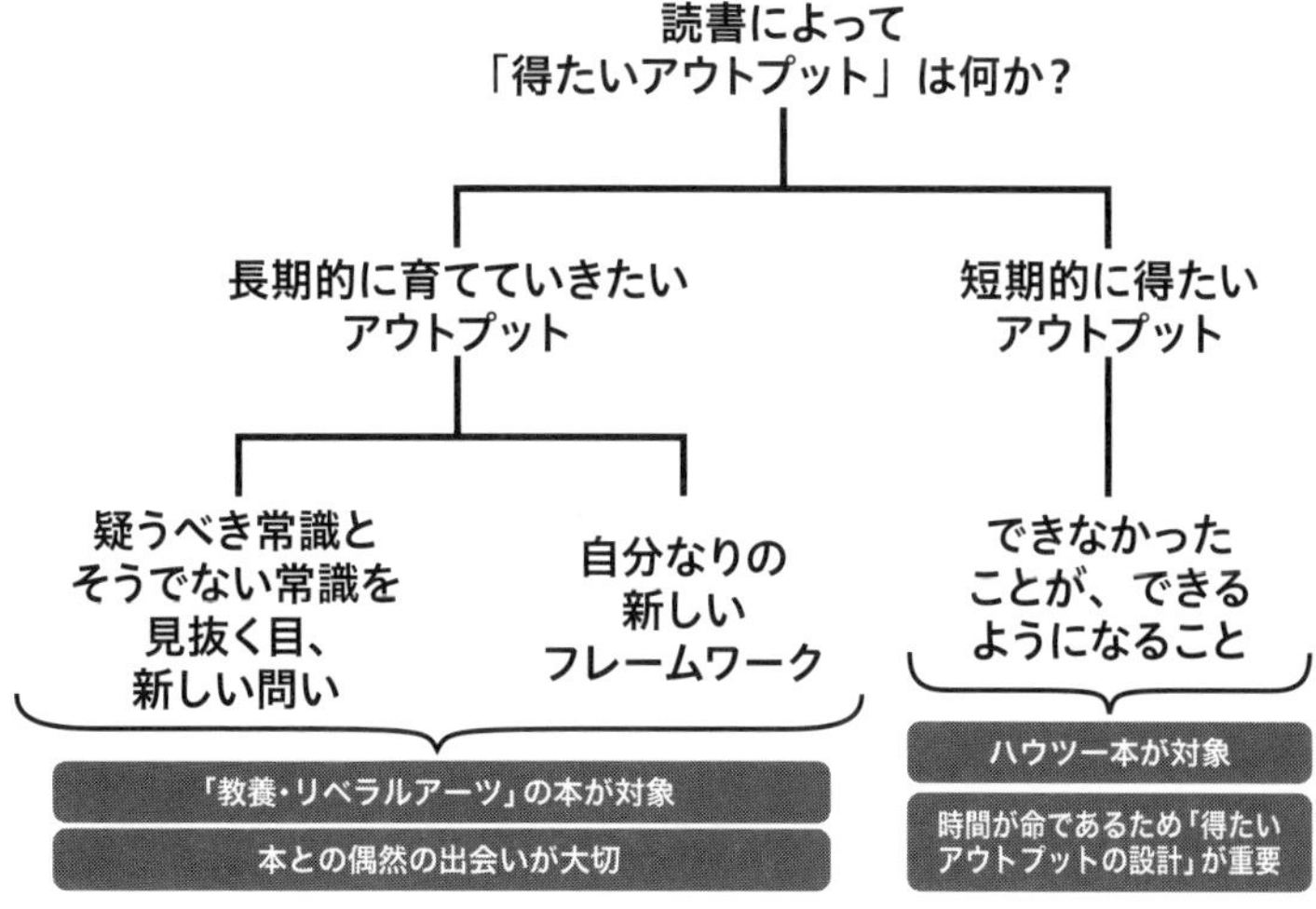

「長期的に育てたいアウトプット」には「川下り型」の選書術

「長期的に育てたいアウトプット」は、いつの時代も普遍的に役に立つ一方で、目に見える形で成果に反映されるまでに数十年ほど要することもざらにあります。

たとえば、次のようなものを指します。

・疑うべき常識とそうでない常識を見極める目・新しい問いを立てる力
・自分なりの新しいフレームワーク・枠組み

これらは一朝一夕で身につくものではありません。数年、数十年と実践を重ねながらでなければ、身につけることは難しいでしょう。しかし、こういった骨太な思考力は、テクノロジーがいくら進展しようとも必要とされる能力です。

では、どうすれば「前提を正しく疑う力」や「自分なりのフレームワーク」が手に入るのでしょうか？

それには、教養本やリベラルアーツ本を時間をかけて何冊も読む必要があります。ただし、これらの本は「この本を読めば、確実に得たいアウトプットがすぐに得られる」「本の内容をすぐに理解できて、簡単に実践に移せる」というものではありません。

したがって、焦らずに**「本との偶然の出会い」を大切にしましょう。**もし周りに尊敬しているビジネスパーソンがいるのであれば、その人からおすすめの本を教わるのもいいでしょう。もしくは、名経営者の著書に登場するような古典に片っ端から手を出すのも良いかもしれません。

個人的には、堀内勉氏の『読書大全』（日経BP、2021年）という本を読んでみるのも良いかと考えています。この本では、「世界のビジネスリーダーが読んでいる経済・哲学・歴史・科学の古典」が200冊紹介されています。この200冊ぶんの書評に目を通して、直感的に面白そうだと思った本にランダムに手を出してみると、あまり悩まずに効率良く良書と出会えます。

長期的に育てていきたいアウトプットがある場合は、あまり肩肘張らずに本との偶然の出会いを楽しんでいく――あたかも川の流れに身をまかせるかのような「川下り型」の選書術をおすすめします。

今、理解できる必要はない

「川下り型」で本を選ぶときは、「川の流れに身をゆだねる感覚」が大事になります。たとえば、一読して理解できない本と出会っても「まあそんなもんだ。いつか理解できる日がくるといいな」、得たい情報を得られなくても「この本で得たものが、いつか役に立てばいいな」と、割り切るイメージです。

たとえば、かつて世界史を学ぶ中で「大文明はなぜ大河のほとりから発祥したのか？」という問いと出会いました。この問いに対する1つの解釈が『教養としての「世界史」の読み方』（本村凌二、ＰＨＰ研究所、２０１６年）に記されていました。

簡略化して紹介すると「大文明が大河のほとりから発生するのは、中緯度地域の土地の乾燥化が起きたからである。乾燥化が進むと、住民が水を求めて、大きな川や水のほとりに集まる。そして、少ない水資源の使いみちに知恵を絞り、水争いを防ぐシステムが生まれ、水を使用した履歴を記録するために文字が生まれた。またその一方で、乾燥化を免れた恵まれた環境には、大文明は生まれなかった」という解釈です。

この本を読んだ2016年のタイミングでは、まったくといっていいほどこの学びは役に立ちませんでした。

しかし、2020年のコロナ禍に、この学びの威力を思い知ることになります。コロナ禍という未曾有の危機に直面し、「どうすれば出社せずに、今の業務を回せるのか？」を考えざるを得ない状況に追い込まれました。

当時、社内でIT技術の活用や業務改革を担当していた私は「乾燥化によって危機に直面したからこそ、文明が生まれた」というロジックを思い出し、「コロナ禍という危機感を利用して、業務の標準化やデジタル化を推し進めよう」と決心しました。結果として、コロナ禍の前には想像できなかったレベルで、多くの業務の自動化や仕組み化を進めることができました。

この経験を通して**「本から得た学びは、いつどこでどんな形で花開くかわからない」**と実感しました。

もしかしたら、本で得た学びを一生使う機会もなく終わるかもしれません。

しかし、1つ確実に言えるのは「本で得たことを、いつでも引き出せるように資産化しておかなければ、コロナ禍のタイミングで〝乾燥化と文明の話〟を思い出すことはなかった」ということです。本の学びを資産としてストックする方法については次の第3章で詳しく解説しますが、この章では「本との偶然の出会いが、いつしか意図しない形で花開くことがある」とご理解いただければ十分です。

「短期的に得たいアウトプット」には「山登り型」の選書術

「短期的に得たいアウトプット」とは「できなかったことが、できるようになること」

を意味しています。

たとえば、「来週までに、○○業界についての知識が必要である」「来月から導入される1on1ミーティング制度に向けて、必要なノウハウを手に入れる必要がある」など、短期的な成果が求められるシーンを想像してみましょう。

こういったシーンでは、時間が命ですので、事前に得たいアウトプットを設計し切ってから、本を選ぶ必要があります。

イメージとしては、登る山と目指すべき頂上を決め、そこから逆算して効率的なルートを考えるような「山登り型」の選書術が必要です。

では、どうやって山登り型で本を選んでいけば良いのでしょうか？

コツを3つ紹介します。

コツ❶「知っていること」「やったことがあること」を読んだほうが、問題意識を明確にしやすい

コツ❷「困っていることは何か？」「何が明確になれば解決するか？」を事前に書き

出す
コツ❸ 迷わず本を選ぶための「モノサシ」を持っておく

コツ❶ 「知っていること」「やったことがあること」を読んだほうが、問題意識を明確にしやすい

1つ目のコツは、「知っていること」「やったことがあること」を読むことです。第1章で述べた独学サイクルの「アウトプットのあとにインプットする流れ」を踏襲しています。

なぜ、知っている状態やすでに経験した状態で本を読んだほうが効率的なのでしょうか？

それは、まったく知らないことを知るために本を読むと、単なる暗記で終わりがちだからです。

たとえば、私は大学生の頃にプロジェクトマネジメントの本を読みましたが、そのときは「クリティカルパス」「アジャイル」「スクラム」などの用語を理解するだけで

精一杯でした。結局、本を読んだ数カ月後には、読んだ内容をすっかり忘れてしまい、暗記すらできませんでした。

ところが、新卒でコンサルティングファームに入社して半年たってから同じ本を読んでみると、得られる学びの量がまったく違いました。実際にプロジェクトの現場で苦戦している最中ですので「何とか来週までに、あの課題を解決したい。この土日で、解決のヒントを何が何でも見つけたい」と思いながら、本と向き合っていたからです。具体的な困りごとで頭がいっぱいなので、自然と「本から何を得たいのか？」を明確にしながら、必死に本を読み漁るわけです。

その後、プロジェクトがひと段落してから、「振り返りもかねて、自分なりに、プロジェクトの進め方や方法論を整理しておこう」と目的を設定して、もう1度同じ本を読んでみると、また違った学びを得ることができました。このときは、頭の中にあった断片的な知識や経験が、きれいに整理されて体系化されていく感覚がありました。

少したとえを変えると、テレビゲームも同じ構造で説明することができます。新しくテレビゲームを買ったときは、いきなり説明書を読み込むよりも、とりあえずコントローラーを握ってゲームをスタートしてみたほうが、理解が早いですよね。そして、中ボスあたりでなかなか勝てずにいるときに、攻略本の該当ページを見てみると、「あっ、2つのボタンを同時に押せば、こんな技も使えるのか」などと、ピンポイントで欲しい情報をインプットできます。

以上の話をまとめます。**本から得たいアウトプットを、本を読む前に設計するためには、「経験があること」「知っていること」を材料にしたほうが効率的**ということです。

コツ❷ 「困っていることは何か?」「何が明確になれば解決するか?」を事前に書き出す

本から得たいアウトプットを事前に設計するための2つ目のコツは、「困っていることは何か?」「何が明確になれば解決するか?」を事前に書き出すことです。

たとえば、「社内である企画を進めるときに、経営層や部長の承認は得られたものの、A課長への根回しを怠ったため、企画が滞ってしまった」という困りごとがあったとしましょう。

「この困りごとを解決するヒントを与えてくれる本を探したい」というときに、いきなり本を手に取るのでもいいのですが、せっかくですから、もうひと手間かけたいところです。

本を探す前に「何が明確になれば、困りごとが解決するのか？」を書き出してみましょう。

先ほど、社内の根回しを怠って失敗した例を紹介しました。では、何が明確になれば、この失敗を繰り返さずに済むのでしょうか？

次のように書き出していきます。

・そもそも、根回しはなぜ必要なのか？　個人的には、面倒くさいから必要ないと思っている。しかし、実際のところはどうなのだろうか？
・失敗例のように「上位層が賛成し、現場が反対しているケース」では、どう根回ししておけば正解だったのだろうか？

・自分の会社ならではの「合意を得るための根回し最短ルート」は何だろうか？

これらの論点がすべて明確になれば、先ほどの困りごとは解決できそうですよね。「困っていることは何か？」「何が明確になれば、困りごとが解決するのか？」を、頭の中で動画レベルのイメージが湧いてくるくらい具体的に書き出しておくと、自分の悩みにフィットした本を選びやすくなりますし、本を読みながら学び取るスピードが格段に上がります。

コツ❸ 迷わず本を選ぶための「モノサシ」を持っておく

ここまで述べたように、本から得たいアウトプットを事前にしっかりと設計したあとは、いよいよ本を選んでいきます。私自身は、新刊とそれ以外の本とで、選び方を変えています。

新刊を選ぶときは、目次をパラパラ読んでみて、感覚的に「これが面白そうだ」と思った本を選んでいけば大丈夫です。それには次の2つの理由があります。

1つ目の理由は、本から得たいアウトプットを事前に設計しているので、目次を読んで面白ければ、自分の知りたいことや悩みにフィットした本を選べる確率が高いからです。

2つ目の理由は、仮にハズレ本を引いたとしても、メルカリなどで売ってしまえば費用を最小化できるからです。新刊であれば、カバーや帯も含めてきれいな状態をキープできれば、定価マイナス100~200円程度でメルカリで売れます。

以上の理由もあって、私自身は、新刊を読むときには次のようなことを意識しています。

・電子書籍ではなく紙の書籍を買う
・マーカーの線引きやページの角の折り込みなどを一切しない
・帯は捨てずに取っておく

・1回読めば十分な本は、定価マイナス100～200円程度でメルカリに出品する
・繰り返し読みたいと思った本は、売らずに本棚に置く。あるいは電子書籍で買い直す

しかし、新刊でない本には、このメルカリ戦法は使えません。古めの本はあまり高値では売れないからです。

だからといって、本選びに慎重になりすぎたら、それはそれで時間がもったいない。ですから、あらかじめ「本を選ぶモノサシ」を持っておくことをおすすめします。

私がたどり着いたのは**「わかりやすさ×深さ」**の2軸です（次ページ図2–3）。この2つの軸を使うと、世の中の本は次の4種類に分類できます。

①　深い×わかりにくい本：学術的で難解な本
②　浅い×わかりやすい本：入門本、「〇〇大全」や「～100の技術」のようにハウツーを羅列した本
③　浅い×わかりにくい本：話にならない本
④　深い×わかりやすい本：良書

図 2-3：本を選ぶ2つの軸

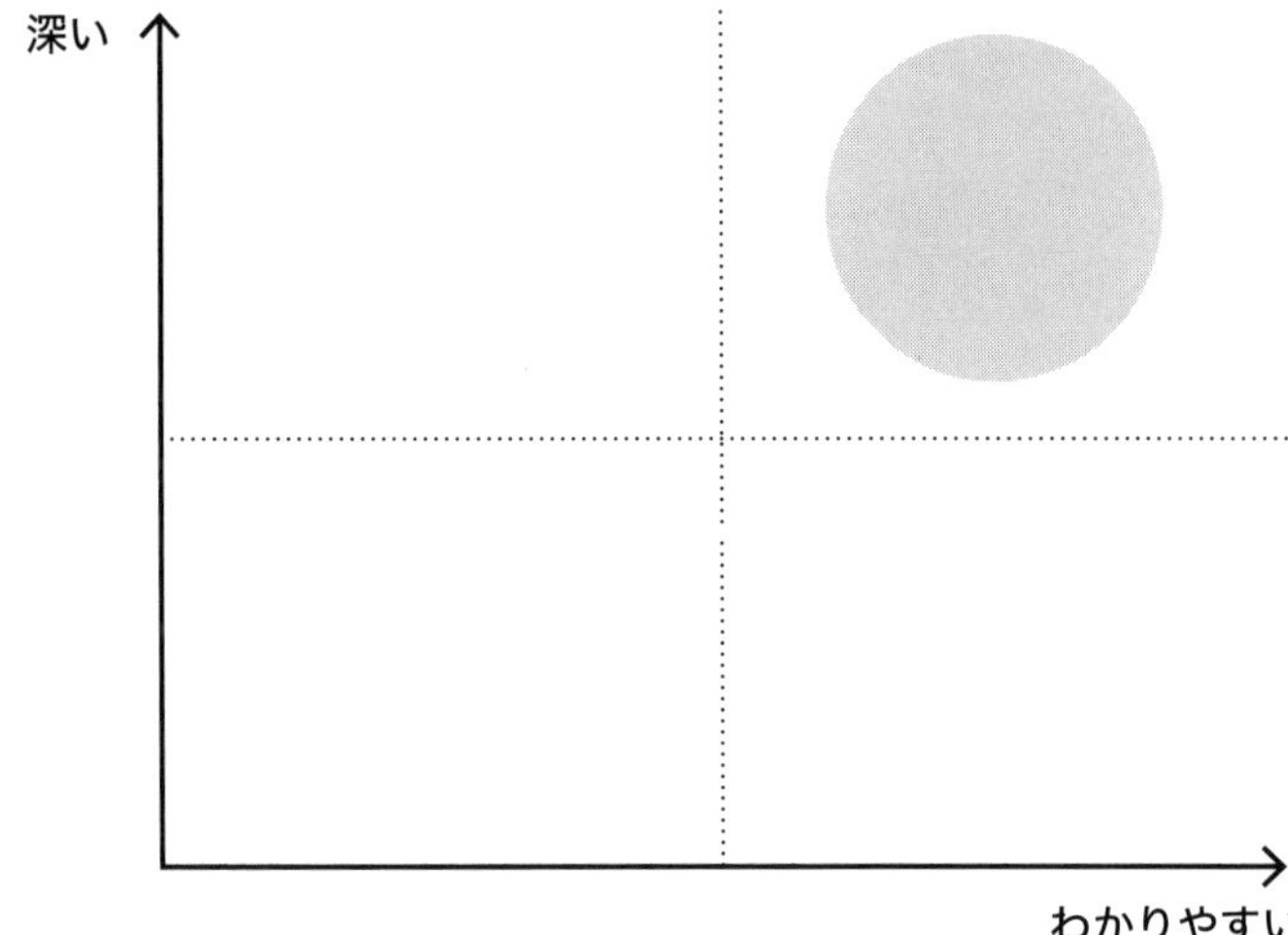

では、「わかりやすさ」や「深さ」はどうやって判断すればよいのでしょうか？

わかりやすさ＝読み手が「分けて」理解しやすいか

「わかる」は「分かる」、そして「分かる」は「分ける」と表現できます。つまり、「わかりやすさ」とは、読み手にとって「分けやすいか」を意味しています。では、「分けやすい状態」を具体的にイメージしてみましょう。次ページの図2－4をご覧ください。

図 2-4：読書を通じて「分ける」イメージ

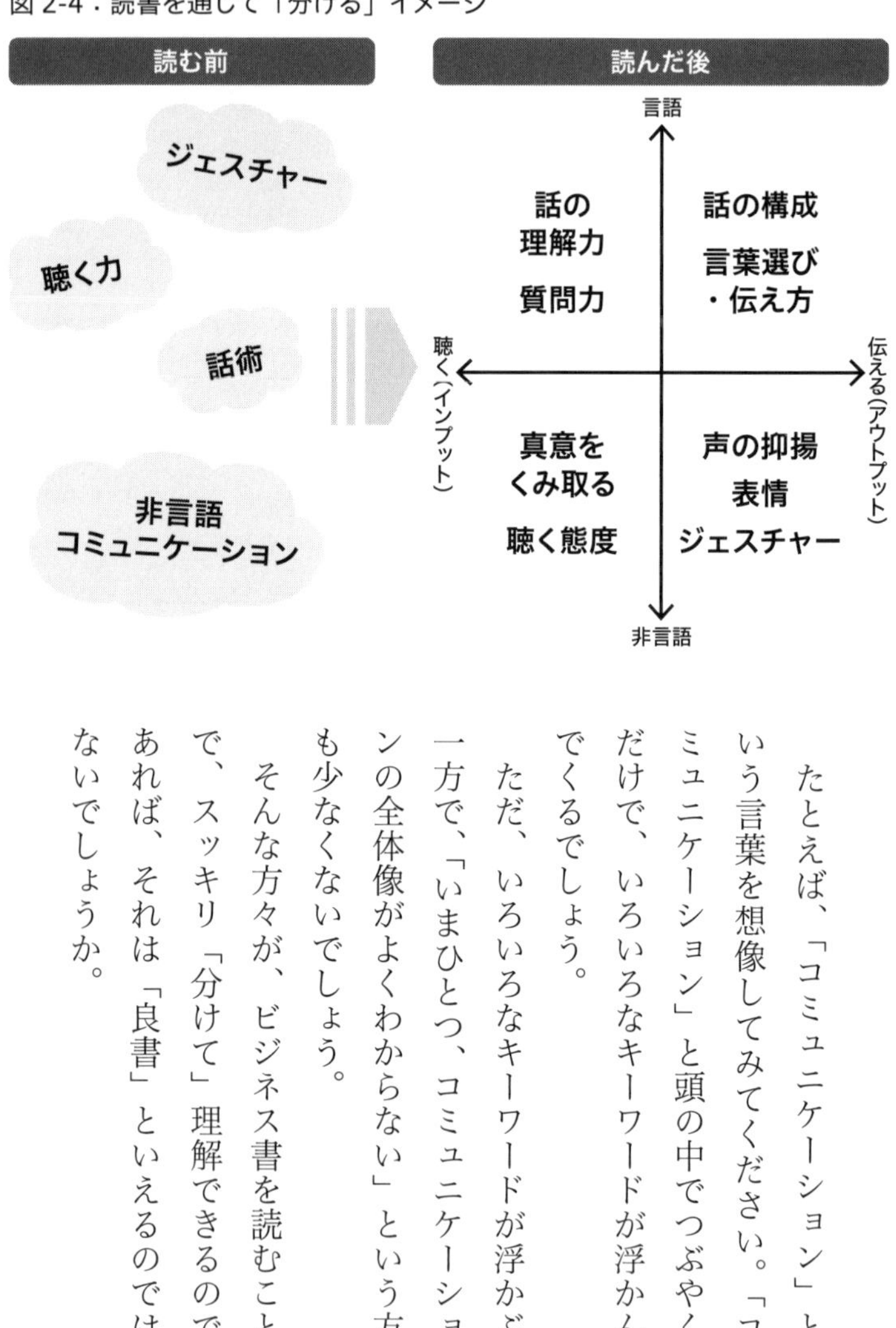

たとえば、「コミュニケーション」という言葉を想像してみてください。「コミュニケーション」と頭の中でつぶやくだけで、いろいろなキーワードが浮かんでくるでしょう。

ただ、いろいろなキーワードが浮かぶ一方で、「いまひとつ、コミュニケーションの全体像がよくわからない」という方も少なくないでしょう。

そんな方々が、ビジネス書を読むことで、スッキリ「分けて」理解できるのであれば、それは「良書」といえるのではないでしょうか。

人は、物事を「分けて」理解します。ビジネス書を読む前は、「コミュニケーションとは、ああで、こうで、うーん……ところで何が一番重要なんだっけ？」と混乱している状態です。

そんな読者が、ビジネス書を読んだあとに「コミュニケーションは、言語か非言語×インプットかアウトプットの2軸で整理できるのか」と理解できるのであれば、そのビジネス書は十分役割を果たしたといえます。

では、「わかりやすさ＝分けやすさ」を測るために、具体的にどのようなチェックリストがあるのでしょうか？

私は、ビジネス書を数多く読んでいく中で、次の2つを気にするようになりました。

・本の内容が体系的に分解されて整理されているか？
・中学生や高校生でも理解できる表現で書かれているか？

たとえば、**目次を見た時点で「Ｗｈｙ（背景・目的）→Ｗｈａｔ（主張）→Ｈｏｗ（具体的な方法論）」といった全体像が頭に入ってくるのであれば、その本は「わかりやすさ」の観点からは良書といえます**（目次の読み解き方については、次の第3章で詳しく解説します）。

また、中学生や高校生でも理解できる表現で書かれているかも重要です。たとえば、脳科学者・池谷裕二氏の著書『進化しすぎた脳』（朝日出版社、２００４年）は、大脳生理学をテーマに高校生に講義を行なった講義録がまとめられた本です。

本書の「はじめに」を読むと、次のように記されています。

「高校生レベルの知識層に説明して伝えることができなければ、その人は科学を理解しているとは言えない」とは物理学者ファインマンの言葉です。この言葉で、今回の一連の脳科学講義は私にとって試金石でした。脳科学者の端くれである私が本当に脳科学を理解しているかどうか、その判断は読者に委ねたいと思います。

このこだわりが400ページにわたって貫かれており、難解なテーマをわかりやすく表現する点において最も驚かされた本でした。

少し話がそれましたが、手に取ろうとしている本が「中高生でも理解できる表現で書かれているか」は重要な観点の1つです。

深さ＝「So what?」＋「Why so?」＋「So how?」

本の深さを見極めるときは、次の3つのツッコミをしてみることをおすすめします。

「So what?（だから何?）」「Why so?（それはなぜ?）」「So how?（どうやって?）」です。

このツッコミは、私がコンサルティングファームにいた頃に、耳にタコができるほど言われた言葉です。考えの浅さを毎日のように思い知らされた、ノスタルジックなツッコミ三兄弟です。このツッコミ三兄弟をビジネス書に対して使ってみると、本の深さを測定できます。

具体的には、本とその向こう側の著者に対して、次の3つのツッコミをしてみてください。

・ほかの本に書かれていないような「あっ！と驚く洞察」がなされているか？（Ｓｏ ｗｈａｔ？）

・主張の根拠は十分か？　ツッコミどころが多すぎないか？　データや理論に支えられているか？（Ｗｈｙ ｓｏ？）

・明日からすぐ実践できるほど超具体的な内容か？（Ｓｏ ｈｏｗ？）

書店で本をパラパラめくるだけでも「1行でも、見聞きしたことのない気づきが書かれているか？」「グラフが盛り込まれているか？　引用はされているか？」「結論やまとめ部分に目を通したときに、取るべき行動のイメージが動画レベルで湧くか？」くらいはチェックできます。

ただし、このチェックを行なうには、実際に本を手に取らなければなりません。そのため私は、アマゾンなどのネット書店はほとんど利用せず、リアル書店に足しげく通うようにしています。

また、本に対する「Ｓｏ ｗｈａｔ？」「Ｗｈｙ ｓｏ？」「Ｓｏ ｈｏｗ？」のツッコミはきびしめに入れましょう。ほとんどのビジネス書は、一見すると違うことを書いていそうですが、よく読んでみると、実はほかの本にも載っていることを別のネーミングに変えただけのものもあります。

たとえば、タイトルに「論理思考」と書かれている本などはわかりやすいですが、どの本も内容はほとんど一緒です。伝わりやすい論理構造を示す「ピラミッド構造」を「論理の三角形」と言い直しているだけのものもあれば、「前提を疑う」ことを「ゼロベース思考」「水平思考」「ラテラルシンキング」と言い換えただけのものもあります。

本を買って読んでみた結果「なんだ、ほかの本と同じことしか書かれていないではないか。読んだ時間を損してしまった」と後悔しないためにも、本を選ぶタイミングで「Ｓｏ ｗｈａｔ？」「Ｗｈｙ ｓｏ？」「Ｓｏ ｈｏｗ？」とツッコんでおくことをおすすめします。

以上、ビジネス書を選ぶモノサシとして「わかりやすさ × 深さ」の2軸を紹介しました。下の図2-5にチェックリストをまとめましたので、本を選ぶ際にぜひご活用ください。

そして、このチェックリストを繰り返し使っていくと、本のわかりやすさと深さを測定するスピードが上がっていきます。私は毎週20冊以上を書店で手に取る習慣を5年近く続けていますが、1冊あたり1分程度で「この本を買うかどうか」を判断できるようになりました。選書のスピードが上がれば、より多くの本に目を通すことができ、そのぶん良書と出会う確率を高められます。

図 2-5：ビジネス書選びのチェックリスト

わかりやすさ	□本の内容が「体系的」に分解・整理されているか？ □中学生や高校生でもわかる表現で書かれているか？
×	
深さ	□ほかの本にないような「あっと驚く洞察」がなされているか？（So what？） □主張の論拠は十分か？ ツッコミどころが多すぎないか？（Why so？） □明日からすぐ実践できるほど超具体的な内容か？（So how?）

応用編❶ 「良い書店」の3つの条件を見極める

先にも述べたように、私は本を選ぶときに、必ずリアル書店に行くようにしています。ただ、書店によって置いてある本は異なるため、行きつけの書店をいくつか作っておくと良いでしょう。その際に、行きつけの書店を目利きできる基準を持っておくと、なお良いです。ちなみに私は、お気に入りの書店にするかどうかのポイントを3つ定めています。

ポイント❶ 本棚に何かしら独自の文脈を感じられるか？

ポイント❷ 新刊ばかりが平置きになっていないか？

ポイント❸ 本棚の陳列が頻繁に入れ替えされているか？

ポイント❶ 本棚に何かしら独自の文脈を感じられるか？

本が好きな書店員さんが働く書店では、本棚の文脈に強いこだわりが表れるものです。

たとえば、よく足を運んでいる書店の本棚で以前見かけたのですが、『Slowdown 減速する素晴らしき世界』（ダニー・ドーリング、東洋経済新報社、２０２０年）の隣に『２０３０年：すべてが「加速」する世界に備えよ』（NewsPicks パブリッシング、ピーター・ディアマンディスほか、２０２０年）が置いてありました。もちろん偶然かもしれませんが、もし意図的に置いていたのだとしたら面白いですよね。

世界の発展は「加速」しているのか、それとも「減速」しているのか――この二項対立を意識して本棚に並べている書店では、新しくて面白い本との出会いが期待できそうです。

また、この書店では、ＤＸ（デジタルトランスフォーメーション）の本の並びに、「業務改革」や「業務標準化」の本が置いてありました。これも、実際に本を配置した書店員さんに聞いてみないとわからないのですが、「DXを進めるためには、その足腰となる業務の標準化が必要である。目先のテクノロジーに飛びつくのではなく、まずは地道な業務改革を」という問題意識があったのではないか、と想像しました。

このように、本棚の陳列に強い意図を感じ取れる書店は、どこかしら自分の価値観と響き合うところがあるのでしょう。

ポイント❷ 新刊ばかりが平置きになっていないか？

私が「あまり良い本と出会えないな……」と思う書店は、たいてい新刊ばかりが平置きになっています。そして、長年読まれつづけている本や、昨年出版されたのにいまだに人気がある本などが置かれていなかったり、目立たない場所に置かれていたりします。もちろん、新しく出版された本を平積みにせざるを得ないような、いろいろな圧力があるのかもしれません。

しかし、本気の書店は、そのような圧力にも負けずに、自分たちが心からすすめたい本を平置きにし、本を紹介するPOPを手作りで用意しているところもあります。私の経験則だと、そういった熱量を感じ取れる書店のほうが、良書と出会える確率が高いように思います。

ポイント❸ 本棚の陳列が頻繁に入れ替えされているか？

これは「背が褪色（たいしょく）している本がないかどうか？」を観察すると、一発でわかります。褪色している本が置いてあるということは、「売れない本を何カ月も同じ場所に放置している」ということです。

本気の書店は「どういった本が世の中に求められているか？」を常に考えながら、どの本をどの場所に置くのかを日々試行錯誤しています。

たとえば、働き方改革が流行ったときや、リモートワークが広がったときなど、その時々のトレンドに合わせて、本の陳列を変えているのです。そんな熱量の高い書店は、背が褪色してホコリをかぶった本なんて置いていません。

応用編❷ アマゾンのレビューを参考にしない

先ほどは、良い書店の見分け方を解説しました。しかし、時間の都合などで書店に足を運べず、どうしてもアマゾンなどのネット書店で本を選ばなくてはいけないシーンもあるでしょう。

毎年300冊近くの本に目を通している私自身の感覚値にすぎませんが、アマゾンで本を買う際に気をつけるべきポイントは「レビューを信用しすぎないこと」です。

まず、アマゾンに限らず、あらゆる商品やサービスにおいて、見知らぬ人のレビューは参考にしないほうが良いでしょう。それよりも、その分野において信頼されている有識者のレビューを参考にしたほうが効率的です。アマゾンのレビューには、まともな発言から的外れな発言に加え、意図的に評価を捻じ曲げようとする「やらせレビュー」などが多く含まれるからです。

たとえば、次のようなレビューは、当てにしないほうが良いです。

・発売直後なのにレビューの数がやたら多い
・同じ時期にレビューの投稿が集中している
・同じような内容の感想が連続で投稿されている
・投稿されているレビューの日本語に違和感がある
・「よかった」などの短文のレビューばかり投稿されている
・「評価5の投稿をすると、特典をプレゼントします」などのキャンペーンが行なわれている

私自身も、以前はアマゾンで5つ星の本ばかりを購入していました。もちろん、当たりの本も多いのですが、なぜかハズレ本も多く手に取りました。そして、このハズレ本にも2種類ありました。

1つは、自分自身の価値観や信念にマッチしないものです。世の中に広く愛されて

いる本だとしても、自分の考え方に合わない本はどうしても存在します。

もう1つのハズレ本は「当たり障りのない、浅い内容しか書かれていないもの」です。

たとえば、「ビジネスパーソンとして力をつけるためには、マインドセットとスキルセットが大事です」と書かれていたとしましょう。しかし、肝心なマインドセットとスキルセットの内容や具体的な身につけ方が書かれていない。それにもかかわらず、アマゾンの評価が異常に高い本が存在します。

そのような本には、『アマゾンのレビューを書いてくれた人には特典を送りますので、LINEやツイッターでお知らせください」など、本の書き手が意図的にレビューを操作しようとする仕かけがある可能性があります。

アマゾンに限らず、レビューサイトに投稿される評価には次の2つの力学が働いています。

・消費者側の意思でレビューがつけられている
・生産者側の意思がレビューに影響している

レビューを歪めるのは、後者の「生産者側の意思」ですが、前者と後者がどの程度影響しているかを見分けるのは困難です。そんな中で、**がんばってレビューを吟味するよりは、最寄り駅の書店に足を運んで自分の目で確かめるか、信用できる書評家や専門家を見つけたほうが、高確率で楽に良書と出会える**はずです。

少し話が脱線しますが、私自身も、上記のような問題意識があって、書評サイトの運営を続けています。確かに書評はあくまで一個人のレビューでしかありませんし、どれだけ客観的に評価しようとしても、私の好き嫌いが少なからず反映されてしまいます。

しかし、書評のいいところは「100％消費者視点で書かれており、生産者の意思が介在しない点」です（出版社からの案件として書評を掲載しているサイトもゼロではありませんが）。ですので、ブログでもツイッターでもインスタグラムでもユーチューブでも何でもいいので、お気に入りの書評家を見つけておいても、損はないかと思います。

もしくは、尊敬する経営者や研究者がおすすめしている本もハズレが少ない傾向にあります。

いずれにせよ、「高い確率で良書と出会えるチャネル」を確保しておくことが重要です。

たとえば、私の場合は、著名人や通っていたMBAスクールの教授のSNSをフォローするようにしています。そういった有識者の中には、読んだ本の感想を投稿している方もいらっしゃるので、次第に自分のタイムラインには「有識者が選ぶ良書」が並ぶようになります。このように、自分のSNSのタイムラインに有益な情報が並ぶようにしておくと、良質なインプットを得る手間を大幅に削減できるでしょう。

あるいは、気に入った著者の本が「引用している本」もチェックするようにしています。たとえば、私が好んで読んでいる楠木建氏の著書によく引用されているのが『戦略プロフェッショナル―シェア逆転の企業変革ドラマ』(三枝匡、日経ビジネス文庫、2002年)。引用されていたこちらの本も読んでみましたが、これまた「経営コンサルタントの現場を、これ以上なくリアルに描写した素晴らしい本」でした。良書の引用元もまた良書なのです。

第2章

まとめ

○読書の成果は「何を読むか」で8割決まる。いくら早く正確に理解しながら読むノウハウを持っていたとしても、駄本を手に取ってしまえば元も子もないためである。

○まずは「自分の持つビジネススキル全体の中で、どのスキルを鍛えるのか?」を考える。そのためにも、ビジネススキルの全体像を整理しておく必要がある。

○鍛えるスキルを決めたあとは、そのスキルを使って得たいアウトプットを決める。

・「長期的に育てたいアウトプット」とは、いつの時代も普遍的に役に立つものである一方で、目に見える形で成果に反映されるまで数年~数十年要するもの

・「短期的に得たいアウトプット」とは、できなかったことが、短期間で

できるようになるもの

○「長期的に育てたいアウトプット」には「川下り型」の選書術を使う。

・焦らずに「本との偶然の出会い」を大切にする。尊敬する人や優れた経営者がおすすめする本に片っ端から手を出すなど、「川の流れに身をゆだねる感覚」

・一読で理解できない本と出会っても「まあそんなもんだ。いつか理解できる日がくるといいな」と大きくかまえ、得たい情報を得られなくても「この本で得たものが、いつか役に立てばいいな」と、割り切る

○「短期的に得たいアウトプット」には「山登り型」の選書術を使う。

・コツ❶「知っていること」「やったことがあること」を読んだほうが、問題意識をクリアにしやすい

・コツ❷「困っていることは何か?」「何が明確になれば解決するか?」を事前に書き出す

・コツ❸迷わず本を選ぶための「モノサシ」を持っておく

・わかりやすさは自分が〝分けて〟理解しやすいか？」で測る
・深さは「Ｓｏ ｗｈａｔ？」「Ｗｈｙ ｓｏ？」「Ｓｏ ｈｏｗ？」の３つのツッコミで測る

○その他、応用編として、次のポイントを意識しながら本を選ぶと良い。

・「良い書店」を見極めるための３つのポイントを知る

ポイント❶ 本棚に何かしら独自の文脈を感じられるか？

ポイント❷ 新刊ばかりが平置きになっていないか？

ポイント❸ 本棚の陳列が頻繁に洗い替えされているか？

・アマゾンのレビューを参考にしない。生産者（著者や編集者）の意思がレビューに影響している可能性があるためである。１００％消費者の意思が反映された情報（信用できる書評サイトや、尊敬する経営者・研究者のおすすめ）を参考にするのがおすすめ

column

積読は減らすべきか？

読書についてよくいただく質問の1つが、「積読は減らすべきか？」。これについては、賛成と反対両方のスタンスの方がいて、考えごたえのあるテーマです。

先に私の結論をお伝えすると「どうぞ好きにしてください。どっちでもいいです」という回答になります。積読推奨派と反対派、それぞれに合理的な理由があるからです。

「積読は減らすべきか？」この論点を解くためにも、まずは積読が起こるメカニズムを紐解いてみましょう。カラクリは非常に単純で、「買った冊数＞読んだ冊数」となるときに、積読が生じます。このカラクリを踏まえると、積読の良し悪しを議論するための論点は「本を買いすぎるのは悪か？」「読んだ冊数が追いつかないのは悪なのか？」の2つです。

1つ目の論点「本を買いすぎるのは悪か？」について。これについては、本を買うときのスタンスによって意見が割れるでしょう。本を買うスタンスは「迷ったら買うな派」と「迷ったら買え派」の2つに分類できます。これは、どちらが良い／悪いという話ではありません。人付き合いで「狭く深く派」と「広く浅く派」がいるのと一緒ですね。

「迷ったら買うな派」は、機会費用を生まないように限られている時間を大切に使いたいという考え方だともいえます。第1章で述べたように、本を読むのにかかる費用は「（本の値段＋読了時間×1時間あたり機会費用）×読んだ冊数」で計算できます。この費用を最小化するためにも、必要性の高い本のみを購入する、そんなスタンスです。

「迷ったら買え派」は、本との一期一会の出会いを大切にする考え方だともいえます。買うかどうか迷った本と出会ったときに、「もし買いそこなって、目の前のチャンスを逃してしまったらどうしよう」という不安が強い場合は、本を買わなかったことへの後悔で頭がいっぱいになるでしょう。そんなことで頭を悩ませるくらいであれば、買うかどうか迷った本はとりあえず買ってみる、そんなスタンスです。

また、「迷ったら買え派」の中には、買うだけ買って満足して、そのまま読まずに積読になっている方もいらっしゃるでしょう。ミニマリストから見ると信じられない光景でしょうが、「買ったのに読まずに積読になっている罪悪感」も積読の魅力なのです。

たとえば、私は新卒時代に外資系コンサルになった勢いで、調子に乗って500ページ越えのファイナンスの本を買いました。買った直後に数ページ読んで、まったく内容ができず、そのまま5年近く本棚にお蔵入り。しかし、MBAスクールに通うようになって、再びそのファイナンスの本と向き合うハメになりました。今となっては、その本も、MBA取得の時代をともに乗り切った心の友です。

人間関係においても同じようなことはありますよね。

高校時代はそんなに仲良くなかったけれど、10年後の同窓会で意気投合して、そのまま人生の友になるケースなど。

本もまったく一緒です。出会った直後は別れてしまったけれど、その何年後かに「積読との運命の再会」が待っているかもしれません。そういった偶然も含めて楽しむのが読書ではないでしょうか。

少し積読推奨派に肩入れしすぎましたが、「迷ったら買うな派」と「迷ったら買え派」、どちらのスタンスに立つかによって、「本を買いすぎるのは悪か？」の答えが変わってきます。自分の心に耳を傾けて、どちらのスタンスに立ちたがっているかを聞いてみましょう。

積読を減らすべきかを考えるための2つ目の論点は「読んだ冊数が追いつ

かないのは悪か?」でした。これは「速読派vs.熟読派」で意見が分かれるでしょう。詳しくは第3章で述べますが、私は速読と熟読を使い分けるようにしています。使い分けるときの基準は2つあります。

速読と熟読を使い分ける1つ目の基準は、「読む本についての前提知識」を持っているかどうかです。前提知識を持っていればいるほど、読まなくても想像がつく範囲が広くなるため、速読がしやすい。

たとえば、文章術の本をすでに3冊くらい読んでいれば、4冊目以降はある程度内容が予想できるため、多少ページを読み飛ばしても理解可能です。

一方で、Web3のように、前提知識があまりない本については、熟読するようにしています。「Web3を理解するためにはブロックチェーンを知っておかねば……」と、芋づる式で調べながら読み進めていくと、本を読む時間も自然と長くなってきます。

あるいは「余白率」の多さによって、速読か熟読かを使い分ける方法もあるでしょう。余白率とは、本にどれだけ解釈の余地、著者と対話する余地があるかを意味しています。

たとえば、「○○の100の技術」といった超具体的ハウツー本は、あまり解釈の余地はありません。むしろ解釈に時間をかける暇があれば、本のハウツーを何本か試すのに時間を使ったほうが効率的です。

逆に余白率が高い本、たとえば『ローマ人の物語』シリーズ（塩野七生、新潮社）、『サピエンス全史（上）（下）』（ユヴァル・ノア・ハラリ、河出書房新社、2016年）などは、解釈の余地が無限大に広がっています。「なぜ2000年も前に、古代ローマは江戸時代レベルの生活水準を実現していたのか？」など、考えてみたい問いに山ほど出くわします。

本を読んでいて考えてみたい問いと出会ったときは、いったん本をかたわらにおいて、その問いと向き合ってみるのもいいでしょう。

第3章

本の要点を一瞬でつかむ「ペライチ整理法」

本の要点をクイックに可視化して資産化する「ペライチ整理法」

ここまで「何を読めば良いのか？」の話をしてきました。第2章でも述べたように、本を読む前にどれだけ緻密に「本から得たいこと」を設計できるかが、読書の成果の8割を左右します。

一方で、人間は忘れっぽい生き物です。せっかく読書前に手間をかけたとしても、肝心の本の中身を忘れてしまっては、時間と本代をムダにする「費用で終わる読書」になりかねません。本で得た知見で継続して成果を生み出していけるよう、「資産」として管理する必要があります。

そこでこの章では、本の要点をクイックに可視化して資産化するための「ペライチ整理法」を解説します。

「大事な2割」だけ読み解けばいい

ペライチ整理法の大前提となる考え方があります。それは「大事な2割を読み解くこと」です。

こう書くと「せっかく買った本を全部読まないのはもったいないのではないか?」と思う方もいらっしゃるかもしれません。しかし、この考え方はかえって時間と労力をムダにしかねないため、注意が必要です。その理由は2つあります。

1つ目の理由は、人間関係と同様に、どうしても自分と相性の悪い本はあるからです。

たとえば、自分の価値観や考え方にそぐわない本や、すでに知っていることばかり書かれている学びの少ない本などは、いくら時間をかけて向き合っても、得られる成果は少ないでしょう。そういった本と出会ったときは、「ご縁がなかった」と考え、そっと本を閉じましょう。

そもそも、自分と相性の良い本と出会う確率はそれほど高くはないものです。アメリカの臨床心理学者カール・ロジャーズの「２：７：１の法則」があります。これは「10人いれば、２人は気の合う人、７人はどちらでもない人、１人は気が合わない人である」という法則です。あくまで人間関係の法則のため、１００％読書に当てはまるわけではありませんが、この比率を頭に入れておくと**「自分の人生の伴侶となるような本は10冊中2冊程度か」**と割り切りやすくなります。

こう書くと「10冊中2冊しかアタリ本がないのか」と落胆された方もいらっしゃるかもしれません。しかし、１冊あたり２０００円かけたとしても、２万円支払えば、今のあなたに大いに役立つ本が2冊は手に入る計算です。その2冊の力を借りて、その年の給料を10万円以上アップさせれば、十二分に元を取れるでしょう。このように、読書を「費用」ではなく「投資」として捉えれば、10冊中8冊を捨てる判断も迷わずできるようになるはずです。

2つ目の理由は、本から得られる成果の8割は、1冊のうちの2割程度の部分からもたらされるからです。この考え方は「パレートの法則」を読書に当てはめたものです。

パレートの法則とは「構成要素を大きい順に並べたときに、上位20%の要素で全体の80%程度を占めることが多い」とする経験則です。「自社の売上の8割は、2割の社員に依存する」などの現象も、パレートの法則の一例です。

私もコンサルティングファーム時代に「100の手間をかけて100%の精度を狙うのではなく、10の手間で60%、20の手間で80%の精度を狙え」と言われていました。この考え方を読書にも当てはめて、最小の時間で最大のリターンを得る読書を意識することが大事です。「買った本は全部読まなくてはいけない」という呪いから脱却して、不完全である勇気を持ちましょう。

では、どのようにすれば「大事な2割」を効率良く読み取っていけるのでしょうか？

次の2つのステップをご紹介します。

ステップ❶ 高速回転並読で理解する

ステップ❷ 理解を「要約」してみる

ステップ❶ 高速回転並読で理解する

本の内容をクイックに理解する方法としておすすめなのが「高速回転並読（こうそくかいてんならべよみ）」です。中二病ぽく聞こえるネーミングですが、実は2つのポイントが含まれています。

ポイント❶「1回あたりの読む時間」を短くして、とにかく「回転数」を上げる
ポイント❷ 読んでいる間に並行して「無意識」を働かせる

順番に説明します。

ポイント❶「1回あたりの読む時間」を短くして、とにかく「回転数」を上げる

よく本の読み方で論点になるのが「熟読・精読するか、速読するか」です。この論

争は永久に決着がついていないというか、どちらを支持するかは、もはや各人の好みといった感があります。ちなみに私自身は、両者のいいところ取りをして、読むようにしています。

私の読み方を説明するためにも、読書の時間を「1回あたりの読む時間×回転数」に分解してみます。この式でいうと、1回あたりの読む時間を減らして回転数を上げるアプローチをとっています。つまり、「本を読むときは、同じ時間をかけたとしても、最初から最後までじっくり熟読するよりは、ざっくり何回も読むほうが効率的である」というスタンスです。

具体的には次の手順で読んでいきます。

- 最初の3回は、理解しようとせずに「ただ眺めるだけ」の感覚で読む
- 4〜7回目は、見出し・太字・各章の最初と最後だけを「理解するつもり」で読む
- 8〜10回目は、「興味があるけれど、7回目までで理解できなかった箇所」をじっくり読む

まず、最初の3回を「ただ眺める」ことの効果を説明します。「本をパラパラと眺めるだけだと、何も頭に入ってこないのではないか？」と疑問に思う方がいるかもしれません。しかし、パラパラと本をめくるだけでも、太字になっている文字や繰り返し登場する言葉であれば、自然と目に入ってきます。

たとえば、ＤＸに関する本を読むと、「標準化」「ＡＩ・機械学習」「ビジネスモデルの変革」などのキーワードが何度も登場します。キーワードだけでも断片的につかんでおくと、自分が知っている知識と結び付けて、本の内容を予想できます。「おそらく、ＡＩを活用するにしても、データが整っていないといけない。データを整えるためには、業務を標準化して回す必要があるのかもな」くらいのことを想像するのは、本をパラパラと読むだけでも可能です。

4〜7回目は、本を理解するつもりで読んでいきます。ただし、頭からじっくり読むのではなく、ざっくり要所だけ読み、それ以外を読み飛ばします。

郵 便 は が き

料金受取人払郵便

牛込局承認

5044

差出有効期限
令和6年5月
31日まで

1 6 2-8 7 9 0

東京都新宿区揚場町2-18
白宝ビル7F

フォレスト出版株式会社
愛読者カード係

フリガナ お名前	年齢　　　　歳 性別（ 男・女 ）
ご住所 〒 ☎　　（　　）　　FAX　　（　　）	
ご職業	役職
ご勤務先または学校名	
Eメールアドレス メールによる新刊案内をお送り致します。ご希望されない場合は空欄のままで結構です。	

フォレスト出版の情報はhttp://www.forestpub.co.jpまで!

フォレスト出版　愛読者カード

ご購読ありがとうございます。今後の出版物の資料とさせていただきますので、下記の設問にお答えください。ご協力をお願い申し上げます。

●ご購入図書名　「　　　　」

●お買い上げ書店名「　　　　」書店

●お買い求めの動機は?

1. 著者が好きだから　　2. タイトルが気に入って
3. 装丁がよかったから　　4. 人にすすめられて
5. 新聞・雑誌の広告で（掲載誌誌名　　　　）
6. その他（　　　　）

●ご購読されている新聞・雑誌・Webサイトは?

（　　　　）

●よく利用するSNSは?（複数回答可）

□Facebook　□Twitter　□LINE　□その他（　　　　）

●お読みになりたい著者、テーマ等を具体的にお聞かせください。

（　　　　）

●本書についてのご意見・ご感想をお聞かせください。

●ご意見・ご感想をWebサイト・広告等に掲載させていただいてもよろしいでしょうか?

□YES　□NO　□匿名であればYES

あなたにあった実践的な情報満載! フォレスト出版公式サイト

http://www.forestpub.co.jp　フォレスト出版　検索

まず、本の骨子を理解するために、見出しに目を通しましょう。気になる見出しがある場合は、周辺の「太字の文章」にも目を通します。よく理解できない見出しは8〜10回目で回収するつもりでスルーしましょう。興味を持てない見出しもスルーしてOKです。

また、各章の最初と最後だけを読む方法もおすすめです。各章の最初には、その章で解き明かしたい問いや問題意識が書かれています。そして各章の最後には、その章の結論やまとめが記載されているケースがほとんどです。

このように**「見出し・太字・各章の最初と最後」だけに目を通せば、本全体の2割程度の分量を読むだけで、著者の主張の8割程度を理解できる**でしょう。

8〜10回目は、興味を抱いたものの理解できなかった箇所をじっくり読んでいきます。8回目あたりに差しかかると、本の主張や骨子をおおむね理解できている状態になっています。著者との間にある情報格差がだいぶ埋まっているはずなので、最初は理解できなかった箇所も、徐々に読み解けるはずです。

ちなみに、何回も繰り返し読む方法については、中国の古典『三国志・魏志』にも「読書百遍義自ずから見る」とあります。これは「どんなに難しい本や文章でも、何度も繰り返して読めば自然と意味がわかるようになる」という意味です。読書の回数を上げることは、古来より通用しつづけた効率的な読み方なのかもしれません。

ポイント❷ 読んでいる間に並行して「無意識」を働かせる

同じ本を何度も繰り返し読む方法をお伝えしましたが、1つ補足すべきポイントがあります。それは「繰り返し読むときは、インターバルを挟みましょう」ということ。一気に10回読むよりも、3回読んだらいったん寝かせ、もう3回読んだらまた寝かせるくらいのほうが、本の内容を頭の中で整理しやすくなります。

これは、頭の中の「無意識」を活用できるからです。発想法の名著でありバイブルとも称される『アイデアのつくり方』（ジェームス W・ヤング、CCCメディアハウス、1988年）でも指摘されているように、情報を無意識の中に放り込んでおくと、水面下で整理整頓してくれます。「寝る前に暗記系の勉強をすると、寝ている間に情報が整理されている」という有名な話もあるように、「無意識」はわれわれの理解を大いに手助けしてくれます。

では、本の情報を無意識に寝かせている間どうするかというと、別の本に手を出します。Aという本を読んでいる間は別のBという本を無意識に放り込んでおいて、Bを読んでいる間はAの本を寝かせておく。このように、**複数の本を並読しながら、意識と無意識を同時並行で動かしていくと、より効率的に本を読み進められます。**

100個のケースを読み込んで、たどりついた「高速回転並読」

ここまで、本を読むときは「いきなり理解しようとせず、まずは何回も眺めてみましょう」「同時並行で何冊も読みつつ、無意識に働いてもらいましょう」とお伝えしましたが、この方法論に気づいたのは、MBA取得に向けて学んでいるときでした。

23〜24ページで述べたようにMBAスクールの授業では膨大な予習量が求められま

す。2週間に2〜3回のペースで、企業事例が書かれた「ケース」と呼ばれる読み物を数十ページほど読み込み、自分の考えをまとめていかねばなりません。

しかも、同じ期間内に複数の科目を受けないと卒業に間に合わないため、「マーケティング」「ファイナンス」「マネジメント」といった別々のテーマと同時並行で向き合う必要があります。加えて、1つ1つのケースには、業界特有の用語や会計用語が多く記載されているため、内容を理解するのに大いに苦戦しました。

そんな中、何とか短時間で膨大な量の「ケース」を理解しようと試行錯誤してたどり着いたのが「高速回転並読」でした。この方法で資料や本を読んでいくと、たいていのことはクイックに理解できるようになりました。

もし7回くらい読んでも理解できない場合は、あえて1日寝かせてみたり、サウナを挟んでみたりする。その間に、無意識が勝手に情報を整理してくれ、翌朝に同じものを読んでみると、理解度が大幅に上がっていることに気づきました。

ステップ❷ 理解を「要約」してみる

次に、理解した内容を自分なりに要約していきます。そのためにも、要約とは何なのかを整理しておきましょう。

要約とは「要点」を「約」することです。

要約＝要点×約する

こう書くと「そんなこと当たり前じゃないか！」と思われるかもしれません。しかし、「要点」と「約する」が「足し算」ではなく「掛け算」の関係にある点は非常に重要です。この点を理解しておかないと、要約の意味合いを勘違いしてしまいかねません。

よくある「イケていない要約」

要約の意味合いを勘違いしていると「イケていない要約」をしてしまいます。それには2つのパターンがあります。

1つ目の「イケていない要約」は、「ただ文章が短いだけの要約」です。

いくら簡潔に文字数や表現が「約」されていても、そこに「要点」が一切書かれていなかったとします。すると「短くスッキリまとまっている文章だけれど、大事な要素が何なのかわからない……」と感じるでしょう。そういう文章は、「約」することばかりに目が向いてしまっていて、「要点」を軽視しているといえます。

要約は、単に文章を短くすることでもなければ、本の太字箇所をただランダムに抜き出す作業でもありません。要約は「要点」ありきなのです。

2つ目の「イケていない要約」は、「長い要約」です。

言葉の矛盾感がすさまじいですが、要約の書き手が「要点」を理解できていないと、「あれも、これも」と情報を拾ってしまい長くなってしまいます。「どの情報を捨てるべきか／残すべきか」を判断するためには、「要点」の理解が必須です。

では、先ほどから繰り返し登場している「要点」とは、いったい何なのでしょうか？

要約は、「要点＝問い×答え×根拠」ありき

ここで「要約＝要点 × 約する」の式に戻ってみましょう。この式をさらに因数分解すると、次ページの図3−1のように表現できます。

「要約は要点ありきである」と書いてきましたが、その肝心の要点は「問い × 答え × 根拠」に分解できます。この3つの要素について詳しく見ていきましょう。

図 3-1：要約の方程式

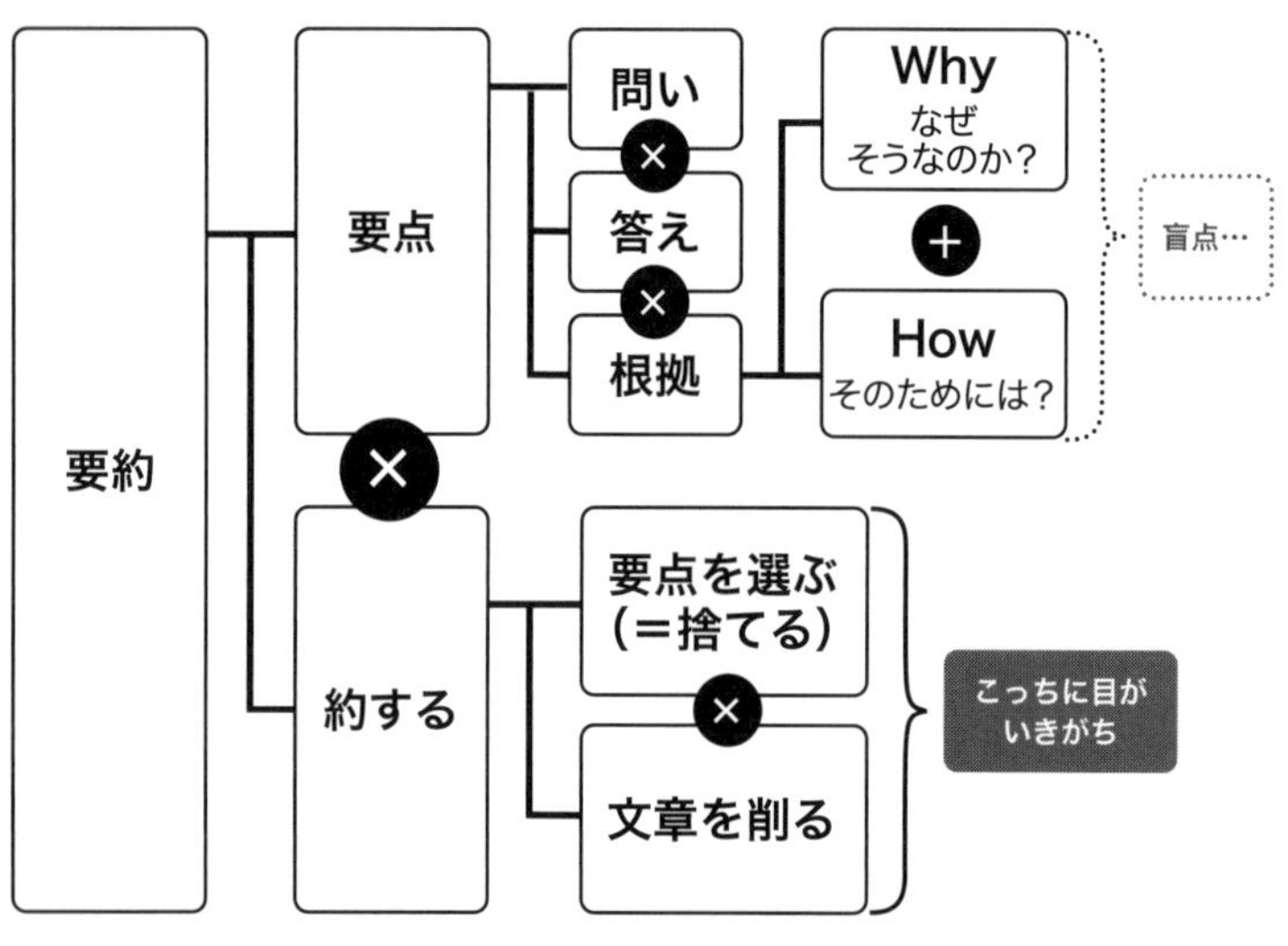

要約
要点
約する
問い
答え
根拠
Why
なぜ
そうなのか？
How
そのためには？
盲点…
要点を選ぶ
（＝捨てる）
文章を削る
こっちに目が
いきがち

問い＝著者が一番白黒つけたいと思っていること

「要点」を押さえるうえで絶対に外してはいけないものは「問い」です。「著者がこの本の中で一番答えを出したがっている問いは何か？」「この本を通して、何を解き明かしたかったのか？」を明らかにするところから、要約はスタートします。

では、どうやって問いを探していくかというと、「表紙」「はじめに」「おわりに」を見ることで、高い確率で発見できます。この3カ所を見ると、主に次の3パターンの表現で問いが記されています。

パターン❶ 明確に「問い」の形（疑問形）で書かれている
パターン❷ 「本の目的は～である」と書かれている
パターン❸ 本を書くに至った「背景」の中に隠れている

ここでは『人生が変わる最高の呼吸法』（パトリック・マキューン、かんき出版、2017年）という本を例にとって、問いを抽出してみましょう。本書を読んでみると、表紙に次の文章が記載されています。

本書の目的は、本来の正しい呼吸法を身につけて、一生続く健康を手に入れてもらうことだ。
本書で紹介している知識を身につけ、エクササイズを実際に行えば、数週間のうちに、健康状態がよくなり、体力がつき、運動パフォーマンスも向上するだろう。
あなたが運動には縁がない普通の人でも、必ず効果があると約束できる。
少ない努力で、大きな結果を出すことができるのだ。

本書の目的が書いてありますね。これを問いに変換すると「数週間のうちに、健康状態が良くなり、体力がつき、運動パフォーマンスが向上するための秘訣とは何か？」と表現できます。

このように、要約はまず、著者が一番白黒つけたがっている問いを発見する作業からスタートします。

問いに対する「答え」を明らかにする

次に、先ほど抽出した問いに対する答えを探します。引きつづき『人生が変わる最高の呼吸法』を使って探してみましょう。

この本の問いは「数週間のうちに、健康状態が良くなり、体力がつき、運動パフォーマンスが向上するための秘訣とは何か？」でしたね。

それに対する答えは、次の通りです。

鼻呼吸に専念し、呼吸量を〝減らす〟べき

どうやって探し出したと思いますか？

答えの探し方にもいくつかパターンがあります。

パターン❶ 本のタイトル＝答え

パターン❷ 表紙・背表紙に書かれている

パターン❸ 「はじめに」か「おわりに」に書かれている

パターン❹ 第1章の最後の「まとめ」に書かれている

パターン❺ 第2章の最初に書かれている（第1章で時代背景が説明されている本は、この傾向が強い）

パターン❻ 第3章など中途半端な位置に書かれている（このパターンの本は、まわりくどくて冗長なものが多く、良書の可能性は低い）

答えに対する「根拠＝Ｗｈｙ＋Ｈｏｗ」を探す

要点の３つ目の要素は、答えに対する根拠です。ビジネス書において、根拠にはＷｈｙとＨｏｗの２種類があります。

・なぜ答えが正しいといえるのか？……Ｗｈｙ

・答えをどうやって実行するのか？……Ｈｏｗ

「Ｈｏｗは根拠なのか」と疑問に思った方もいらっしゃるかもしれません。しかし、「Ｈｏｗに書かれている方法論が現実的かつ効果的であればあるほど、Ｗｈａｔ（答え）の裏づけとして機能している」と捉えることができます。その意味では、Ｈｏｗの記載は、本の主張である「答え」を支える役割を果たしています。したがって、ＷｈｙとＨｏｗの両方を根拠として扱っています。

では、再び『人生が変わる最高の呼吸法』で具体的な例を見てみましょう。この本の答えは「鼻呼吸に専念し、呼吸量を〝減らす〟べき」でしたね。

まずは、「Ｗｈｙ＝なぜ、鼻呼吸に専念し、呼吸量を〝減らす〟べきなのか？」を探すと、「簡単にダイエットできるから」「疲れない体を作れるから」「心臓を強化できるから」「喘息（ぜんそく）を治せるから」「顔が正常に発達するから」の５つが理由だと抜き出せます（１２４～１２５ページ図３－２）。

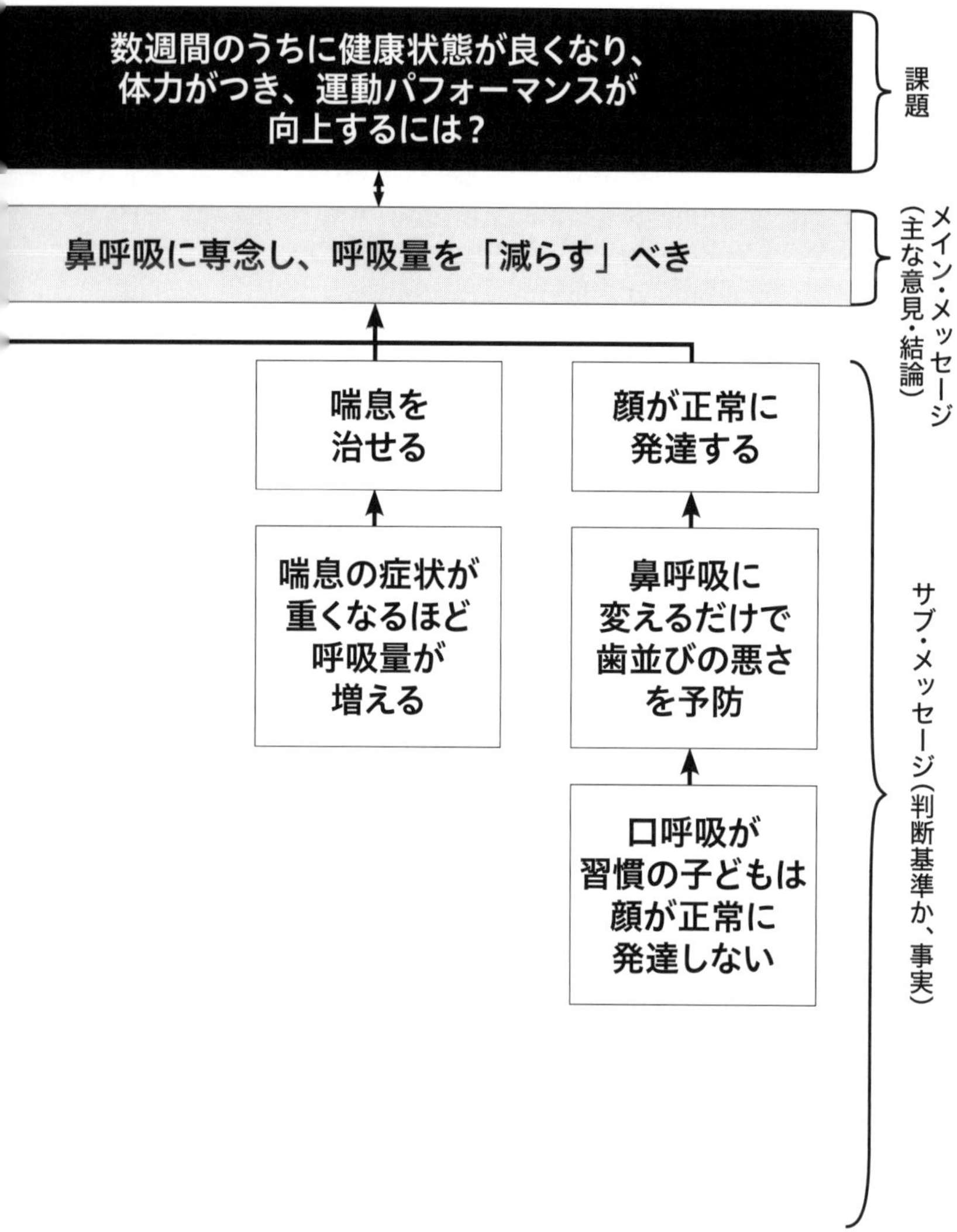

数週間のうちに健康状態が良くなり、
体力がつき、運動パフォーマンスが
向上するには？

課題

鼻呼吸に専念し、呼吸量を「減らす」べき

メイン・メッセージ（主な意見・結論）

喘息を
治せる

喘息の症状が
重くなるほど
呼吸量が
増える

顔が正常に
発達する

鼻呼吸に
変えるだけで
歯並びの悪さ
を予防

口呼吸が
習慣の子どもは
顔が正常に
発達しない

サブ・メッセージ（判断基準か、事実）

図 3-2：『人生が変わる最高の呼吸法』の根拠①

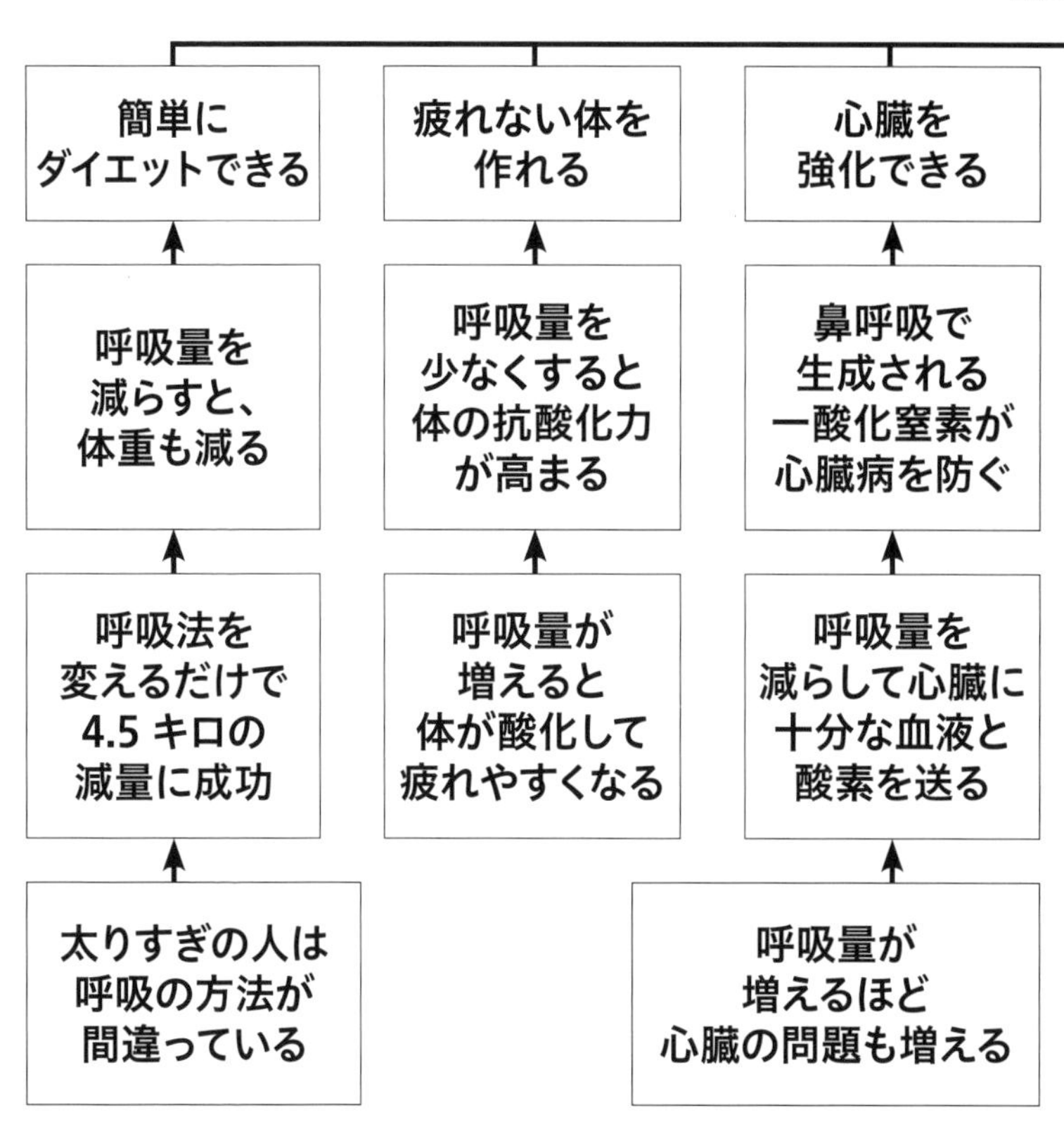

次に「Ｈｏｗ＝どうやって鼻呼吸に専念し、呼吸量を減らせば良いのか？」について整理してみると、１２８〜１２９ページの図３-３のように表現できます。

これで、要点の最後のパーツ「根拠」がそろいました。

ペライチにまとめる

「要点＝問い × 答え × 根拠」がすべてそろったら、次は「ペライチ（Ａ４用紙１枚）」にまとめていきます。なぜペライチに整理するかというと、２つ理由があります。

１つ目の理由は、**「ムダな情報を削ぎ落そうとする意識」が自然と働く**からです。ペライチにまとめようとすると、何を書くかと同様に「何を書かないか＝捨てるか」も気にしなくてはなりません。要約とは、要点をくり抜いて、それ以外の不要な情報を捨てることです。この意識を半ば強制的に働かせるためにも「Ａ４用紙１枚にまとめる制約」は効果的です。

２つ目の理由は、**コンパクトに情報をまとめておいたほうが、資産として使いまわしやすい**からです。本書のテーマは「費用を資産化する読書術」でした。資産として繰り返し使いまわすためには、すぐに頭の中から取り出せる状態にしておく必要があります。

頭の中からスムーズに情報を取り出せるようにするためには、なるべく覚える量を少なくしておいたほうがいいですよね。加えて、本の情報を「問い×答え×根拠」の構造で整理する過程を踏むと、「知っている状態」から「わかっている状態」へと理解が深まります。ただの暗記ベースで知っている状態よりも、本の構造を自分の口で語れるレベルでわかっている状態のほうが、資産としてフル活用しやすいといえるでしょう。

では、ペライチの具体例を見ていきましょう。

『人生が変わる最高の呼吸法』の要点を構成するパーツ「問い」「答え」「根拠」を紙１枚に整理すると１３０～１３１ページの図３-４のように表現できます。

数週間のうちに健康状態が良くなり、体力がつき、運動パフォーマンスが向上するには？

↕

体内酸素テスト（BOLT）のスコア別に必要なエクササイズを行なう

BOLTスコア 10〜20秒	BOLTスコア 20〜30秒	BOLTスコア 30秒以上
✓		
✓	✓	
✓	✓	✓
✓	✓	✓
✓	✓	✓
	✓	✓

図 3-3：『人生が変わる最高の呼吸法』の根拠②

	BOLTスコア 10秒以下
呼吸回復エクササイズ	✓
ため息や大きな呼吸を避ける	✓
鼻づまりを治すエクササイズ	✓
常に鼻で呼吸する	✓
軽い呼吸は正しい呼吸エクササイズ（安静時）	✓
軽い呼吸は正しい呼吸エクササイズ（運動時）	
疑似高地トレーニング	

数週間のうちに健康状態が良くなり、
体力がつき、運動パフォーマンスが向上するには？

具体的な方法論についての結論

体内酸素テスト（BOLT）のスコア別に
必要なエクササイズを行なう

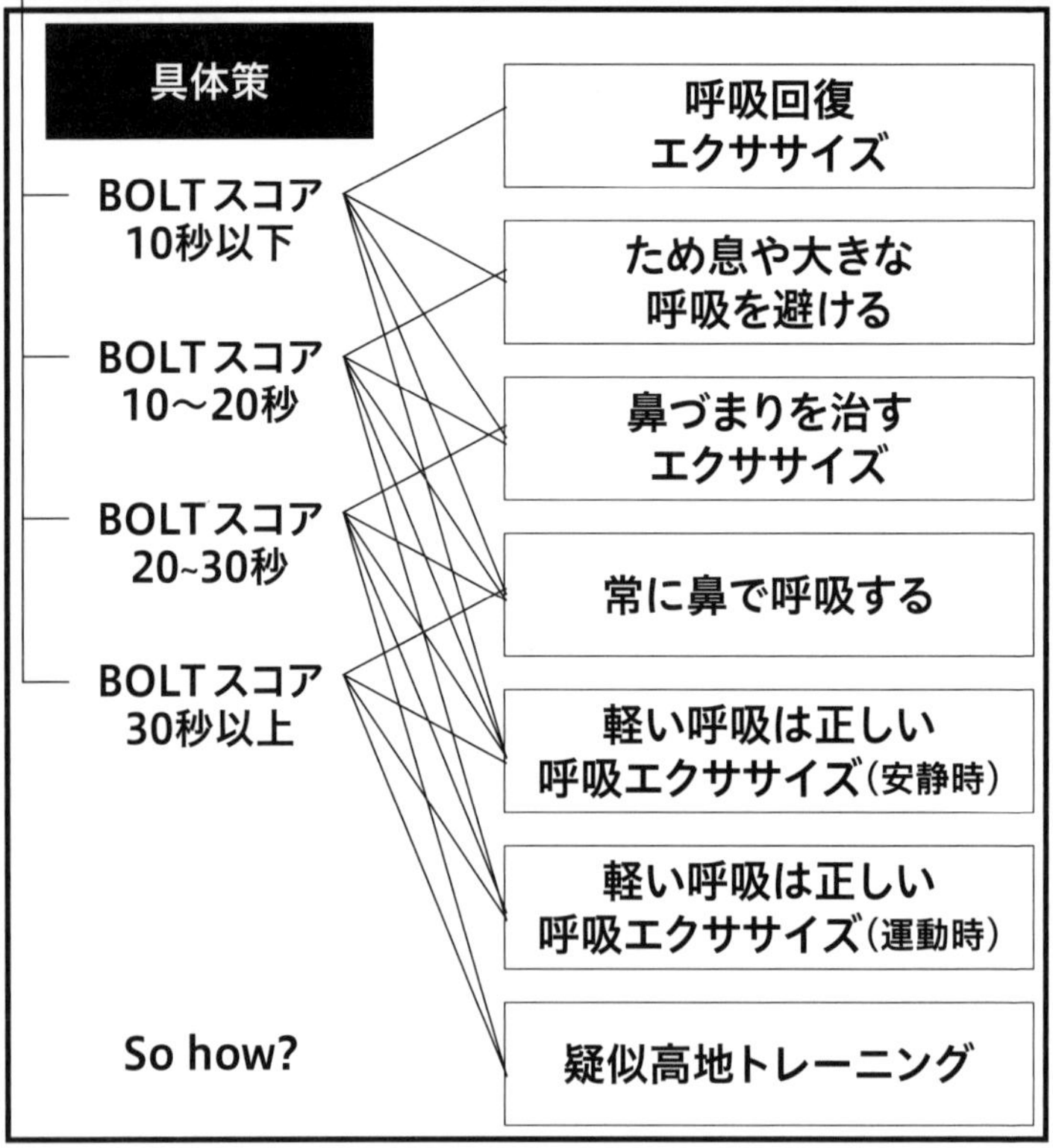

具体策

BOLTスコア
10秒以下

BOLTスコア
10〜20秒

BOLTスコア
20~30秒

BOLTスコア
30秒以上

So how?

呼吸回復
エクササイズ

ため息や大きな
呼吸を避ける

鼻づまりを治す
エクササイズ

常に鼻で呼吸する

軽い呼吸は正しい
呼吸エクササイズ（安静時）

軽い呼吸は正しい
呼吸エクササイズ（運動時）

疑似高地トレーニング

図 3-4：『人生が変わる最高の呼吸法』のペライチ

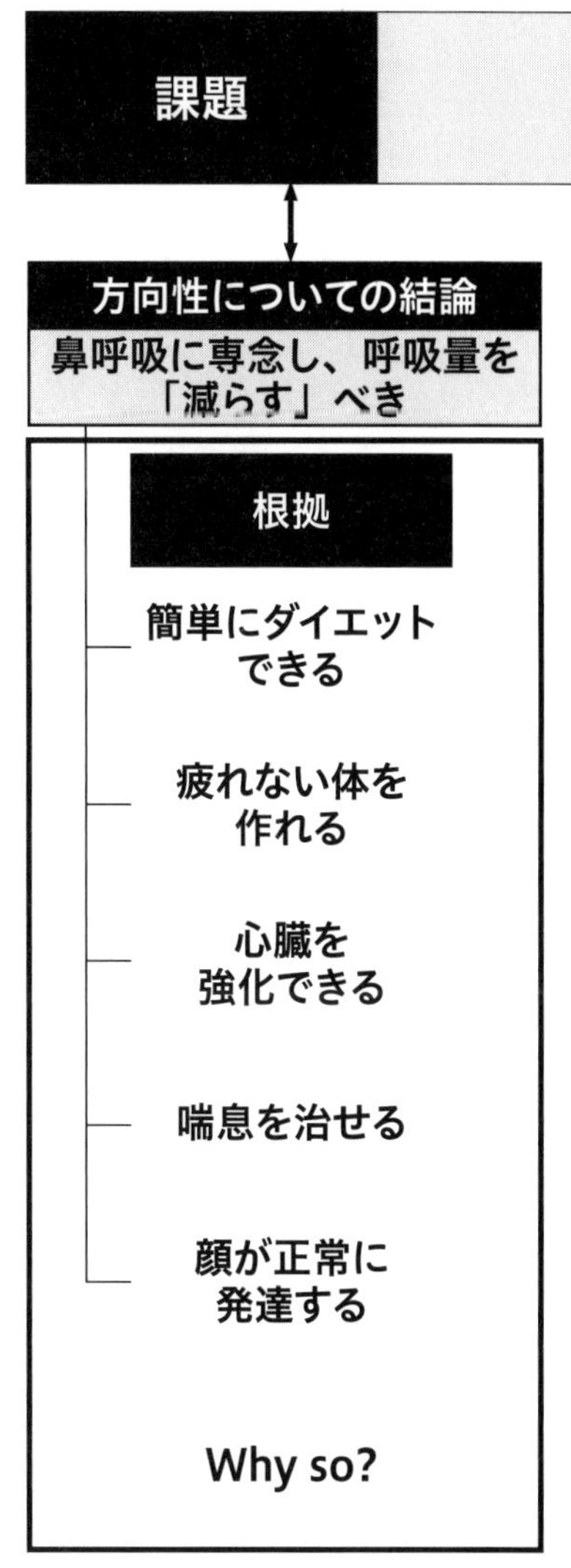

ここまで整理して初めて「要点を押さえることができた」といえます。

本全体の構造（問い×答え×根拠の関係）を見抜いたうえで要約をしているのか。それとも、ただ単に「本の太字周辺だけを抜き出したもの」を並べているだけの要約なのか。おそらく、世の中に出回っている要約のほとんどは後者ではないでしょうか。

のちほど詳しく触れますが、ビジネス書に記されている方法論は「文脈」に依存しています。その文脈とは、本を通して答えようとしている「問い」や、本で提示されている方法論を支える「根拠」にこめられていることがほとんどです。それらの文脈を切り取った状態で、本の太字部分だけを試してみても、期待通りの成果は得られないでしょう。本の太字部分だけを抜き出すと、その裏側の文脈を見逃してしまう恐れがあるため、注意が必要です。

本の内容を自分の資産として血肉化するためにも、ぜひ「要点＝問い×答え×根拠」を抜き出す意識で読書してみることをおすすめします。

ペライチの3つの型

ペライチの型❶ 要点フルセット型

ここまで、「要点＝問い × 答え × 根拠」をペライチにまとめる方法についてお伝えしました。この方法は、ペライチに整理するときの最もベーシックな「要点フルセット型」です。具体的なイメージは、先ほどの図3－4をご覧ください。

ペライチの型❷ シンプル箇条書き型

とはいえ、本を読むたびに、問い・答え・根拠をいちいち丁寧に抜き出すのは大変です。そこで、「要点フルセット型」よりも簡易的にペライチをまとめる「シンプル箇条書き型」をご紹介します。この型では、次の3点を箇条書きにしていきます。

① 本書の問い
② 問いに対する答え
③ 具体的な方法論

この「シンプル箇条書き」を使うシーンは、本をまとめる時間がなく、取り急ぎ方法論だけを知りたいときです。

たとえば、私が今でも毎年1回は必ず読み直している『もっと早く、もっと楽しく、仕事の成果をあげる法』（古谷昇、PHP研究所、2004年）で学んだことを書き出したものが、下の図3-5です。

この本の魅力については、第4章で詳しくお伝えします（178ページ）。

図 3-5：シンプル箇条書き型のペライチ

①本書の問い	●「ハタから見ると、さして苦労していないのに仕事がうまくいっている人」は何が違うのか？
②問いに対する答え	●仕事で早く楽して成果を出すには、「仕事を“コツ”で覚える」ことが重要である。100個のハウツーを覚えるよりも、たった1個の「コツ」を覚えることに集中する ●「わかる＝理解する×こなれる」の方程式を意識する
③具体的な方法論	●お手本となる人を観察し、自分なりの気づきを得て、実践を繰り返して血肉にする ●たとえば、著者が、お手本になる人を観察して見つけた「プレゼンの“コツ”」がある。それは以下の3つ ○大きな声で話す ○前を見る ○メリハリをつける

ペライチの型❸ プロセス特化型

続いて、プロセス特化型をご紹介します（136～137ページ図3‐6）。これは、次の2つの条件に当てはまるときによく使います。

第一に、本の主張を支える根拠に真新しさがないときです。

たとえば、最近のビジネス書でよく見かける第1章の頻出ワードの筆頭に「VUCA」があります。VUCAとは、「世の中の変化が激しくて不確実で複雑であいまいである」という意味です……などと今さら説明するまでもなく、本書をお読みの皆さんの多くはすでにご存じの言葉だと思います。

このように、すでに前提となる背景情報が理解できている場合は、わざわざ読書メモに書き込む必要はありません。読書メモに書き込むべきは、自分がまだ知らないことです。

第二に、ビジネス書に書かれている方法論の「順番」が重要であるときです。

たとえば、『27歳からのMBA　グロービス流ビジネス勉強力』（グロービス経営大学院、東洋経済新報社、2015年）では、学び方がサイクル図で説明されています。そ

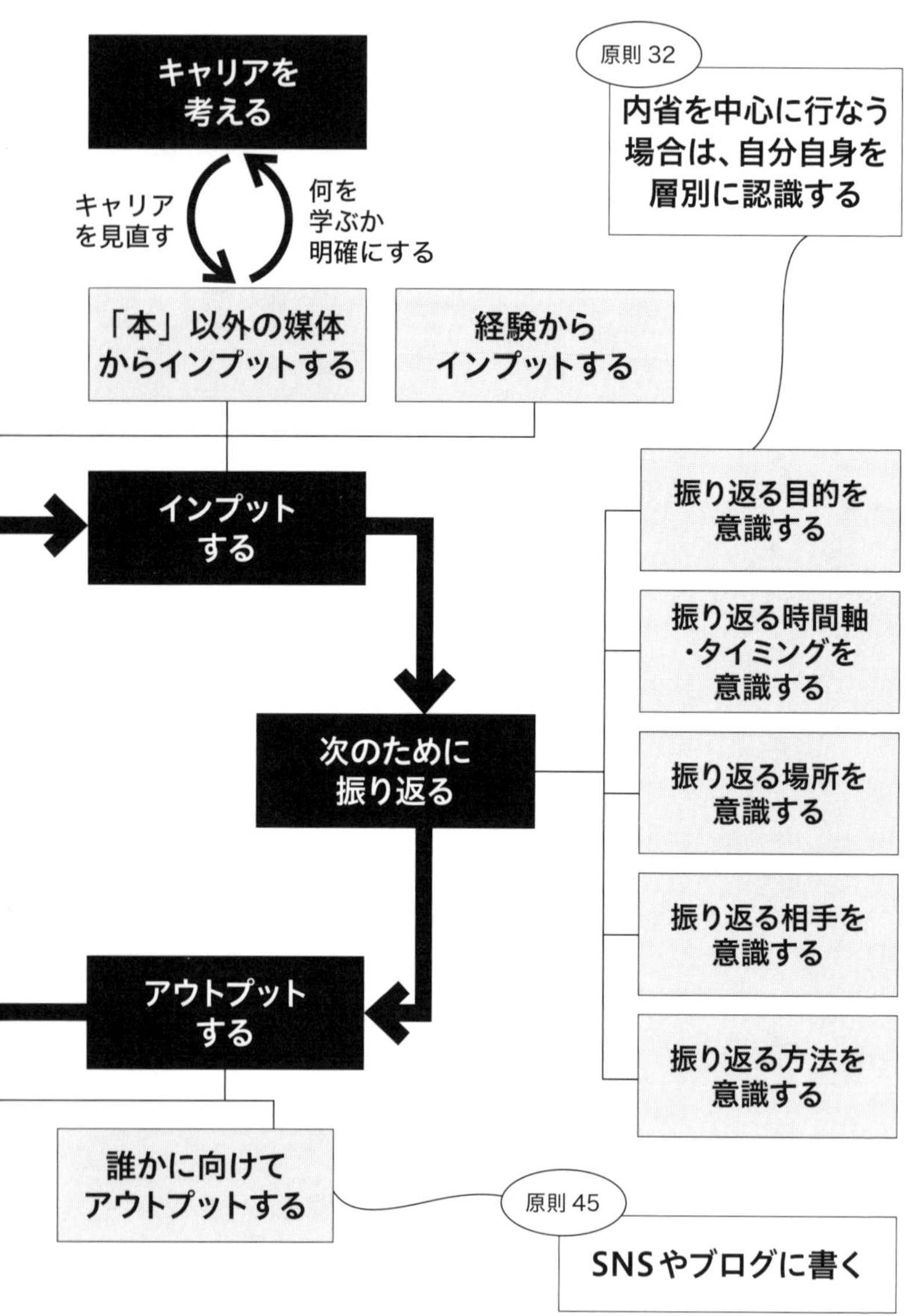
キャリアを考える
キャリアを見直す
何を学ぶか明確にする
原則32
内省を中心に行なう場合は、自分自身を層別に認識する
「本」以外の媒体からインプットする
経験からインプットする
インプットする
振り返る目的を意識する
振り返る時間軸・タイミングを意識する
次のために振り返る
振り返る場所を意識する
振り返る相手を意識する
アウトプットする
振り返る方法を意識する
誰かに向けてアウトプットする
原則45
SNSやブログに書く

図3-6：プロセス特化型のペライチ（『27歳からのMBA　グロービス流ビジネス勉強力』）

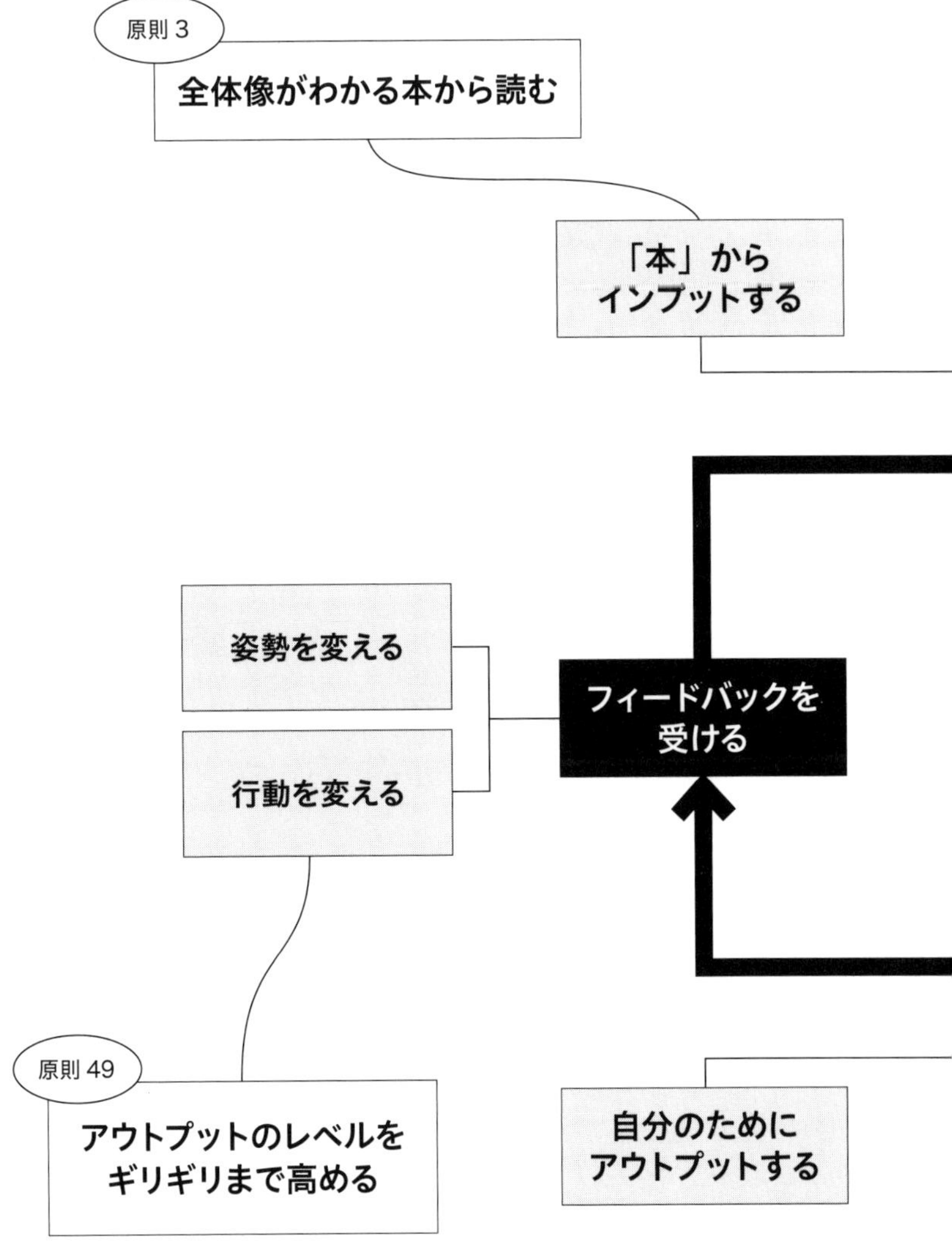

して、「インプット」「振り返り」「アウトプット」「フィードバック」の各要素について、取るべきアクションが具体的に記されています。この本においては、学びに必要な循環を全体的に押さえておく必要があるため、ペライチをサイクル図で表現しておいたほうが、のちのち活用しやすくなります（136～137ページ）。

ちなみに、「順番」という言葉を強調している理由は、物事のセンスは「何をやるか？」ではなく「どの順番でやるか？」に宿るからです。

次の文章は、経営学者の楠木建氏が山口周氏との共著『「仕事ができる」とはどういうことか？』（宝島社、2019年）で主張されていたことです。

プロのすごみは何をやるかではなく、やることの順序、シークエンスに表れる。AとBとCが箇条書きにならない。AがあってこそBがあり、BができてCが出てくる、というように時間的な奥行きがある。要するにAとBの間にロジックがあり、BとCの間にもロジックがあるということなんですよね。

楠木氏は「どの順番でやるか」の具体例として、マクドナルドを建て直した原田泳幸氏の例を挙げていました。簡単に要約しますと、次の内容です。

・まずはとにかくQSC（品質、サービス、清潔さ）の改善だけを徹底し、「作り置きするシステム」から「オーダーが入ってから作るシステム」に変える
・その後、「100円マック」をはじめて、顧客に「あっ、おいしくなってる！」と思わせる
・客足が回復してきたら、ガッツリした高単価のメニューを強化する
・不採算店舗を閉店し、一気に業績を回復させる

いきなり価格を変えるのでもなく、不採算店舗を閉じるのでもなく、まずは品質・サービス・清潔さから手をつける。この順番にセンスが宿ります。

ビジネス書もまったく同じで、「本に書かれているノウハウそのものは新しくないが、取り組む順番がユニーク」といった本もあります。このように、本に書かれているノウハウの「順番」に価値があるなと感じたときは、プロセス図やサイクル図の形

でペライチに整理しておくとよいでしょう。

応用編❶ 読書メモにおける2つの「禁じ手」

以上、要約の技法「ペライチ整理術」を紹介してきました。ここまでの内容で「よし、今日からペライチのフォーマットで読書メモを書いてみよう」と思われた方、ありがとうございます。しかし、２つ留意点があります。読書メモを書くときには、以下の禁じ手に注意しましょう。

禁じ手❶ 著者が置かれた文脈を切り取ってしまう「文脈剥離（はくり）」

禁じ手❷ 本の表現だけをそのまま使う「写経メモ」

禁じ手❶ 著者が置かれた文脈を切り取ってしまう「文脈剥離」

1つ目の禁じ手は、ビジネス書に書かれているハウツーから文脈を切り取ってしまう行為です。ビジネス書に書かれている技術や成功事例は、著者固有の文脈に依存しています。その文脈を理解して使わないと、ビジネス書は役に立ちません。

たとえば、日本を代表するマーケター森岡毅氏の『マーケティングとは「組織革命」である。』(日経BP社、2018年)には、次のような記載があります。

かつて私も幼稚なクセがあって、自分の作る戦略やプランは完全無欠に練り上げてから上司のところに持っていき、上司からの質問や突っ込みを全て論破防御するスタイルを主としていました。

(中略)

中には、私が頼ったり巻き込んだりせずに剛速球を投げてくることが嫌でたまらなかった上司とも巡り合いました。その頃の私は、何のためにこの人は、そんな反論のための反論のような下らない質問ばかりしてくるのだろうとイライラしていました。

（中略）

今の私であれば、自分の提案にわざと穴をいくつか開けておいて、上司にそこを指摘させて感謝して訂正し、そのプランを上司の付加価値も含めた2人のプランにする、というような芸当もできるのです。


ここでありがちなミスは「自分の提案にわざと穴をいくつか開けておいて、上司にそこを指摘させて感謝して訂正し、そのプランを上司の付加価値も含めた２人のプランにする」の部分だけを切り取って、読書ノートに書くことです。

たとえば、本書を読んで「よし、自分もわざと提案に穴を開けて、上司の承認を勝ち取るぞ」と考えて、意気揚々と会議に臨んだら、どんな結果が待ち受けているでしょうか？

一般的なレベルのビジネス戦闘力で、この技術を真似すれば、おそらく「何だ！この穴だらけの提案は！」とボコボコにされてしまうでしょう。

「自分の提案にわざと穴を開けておく技術」は、圧倒的な論理的思考力を持っており、そのことが社内でも認知されている森岡氏だからこそ成立するものです。この文脈を切り取って、「提案にわざと穴を開けておく技術」だけを真似しても、うまくいくはずがありません。

もし、森岡氏の「提案にわざと穴を開けておく技術」を読書ノートにメモする場合は、以下のステップを丁寧に踏む必要があります。

ステップ❶ ビジネス書に書かれている事例・技術を把握し（提案にわざと穴を開ける）

ステップ❷ ❶の裏側にある文脈を理解し（森岡氏は圧倒的な論理的思考力を持っている）

ステップ❸ ❷の文脈が自分にも当てはまるかを照らし合わせて（自分も圧倒的な論理的思考力を持っている）

ステップ❹ 「著者の文脈≒自分の文脈」であれば、ビジネス書の教えを実践してみる

これらのプロセスを踏むことによって、再現性のある形でビジネス書の学びを抽出できます。ビジネス書の学びは「文脈ありき」だと心得ておきましょう。そして、ビ

ジネス書で推奨されている行動・アクションのみを切り取るのではなく、「著者がどんな状況に置かれており、どのようにその状況を解釈したのか」も必ずセットで捉えるようにしましょう。

禁じ手❷ 本の表現だけをそのまま使う「写経メモ」

2つ目の禁じ手は、本の表現だけをそのまま読書ノートに書き写してしまうことです。

本の表現はあくまで著者の言葉、言い換えると「借り物の言葉」です。このままでは「自分の言葉」とはいえません。

たとえば、読んだ本の中で「論理より感情が大事だ」という教えが書かれていたとしましょう。この言葉をそのままノートに書き写すだけでは不十分です。なぜなら、借り物の言葉のままだと、100％自分の頭で理解できていないことが多いからです。

本の教えの意味合いを100％理解できていないと、いざその教えを使う場面で、脳内の引き出しから瞬時に取り出せません。本の教えを血肉化させて、半自動的に使えるようにするためには、借り物の言葉を自分の言葉に変換する必要があります。

では、どうやって自分の言葉に変換すれば良いのでしょうか？

私は次の2つのステップを踏むようにしています。

ステップ❶ 本の教えに対して、最低3つは問いを立てる

ステップ❷ 問いに対して、自分の経験則で答えを出す

先ほどの「論理より感情が大事」を例にとると、まず「論理より感情が大事とはどういうことか？」「感情よりも論理が大事なシーンはないだろうか？」「論理だけでは人を説得できないのは、どういうときか？」など、頭に浮かんだ問いを書き出します。

次に、それらの問いに対して、何も見ずに自分なりの答えを書き出してみます。**このときに大事なのは、自分の経験則で答えを出すこと。**自分の経験則で答えを出そうとすると、自ずと「本の教えを自分の経験に引き寄せながら噛み砕くプロセス」を踏まざるを得ません。このプロセスを経ることで、本に書いてあった借り物の言葉を、

自分の言葉へと変換できます。

ちなみに、数百本の論文と50冊以上の書籍を出版しているニクラス・ルーマンという社会学者がいます。彼が編み出した「ツェッテルカステン」というメモ術を紹介した本『TAKE NOTES!』（ズンク・アーレンス、日経BP、2021年）においても、「本の表現をそのまま書き写すのではなく、〝自分の言葉〟で書くこと」と強調されています。

あるいは、私の知人にビジネススクールの教授がいるのですが、彼のEvernote（メモアプリ）を見せてもらうと、読書メモがズラリと並んでいました。その読書メモには、本の中で印象に残った記述がそのままメモされており、その真下に自分なりの解釈も必ずセットで記されていました。

他人（著者）の言葉は、必ず自分の言葉に変換する。

これは、何かを学ぶときの原理原則です。

応用編② 外部に発信しながら学ぶ

学びを最大化させる読書メモの方法として、SNSやブログで外部に発信してみるのもおすすめです。私自身も昔から読書メモを取っていたのですが、それをブログで発信するようになって、学びの密度が非常に大きくなりました。その理由は3つあります。

理由❶ 丁寧に言語化する強制力が働くから
理由❷ 外圧がかかって習慣化しやすいから
理由❸ 自分の名刺代わりになるから

理由❶ 丁寧に言語化する強制力が働くから

手元だけにメモを残しておく場合、自分さえ理解できれば問題ありません。そのため、メモする内容が雑になる可能性があります。メモが雑になると、書いた直後は問題なく理解できるかもしれませんが、数カ月後、数年後に見返した際に、書いてある内容を思い出せなくなるかもしれません。

逆に、ツイッターなどのＳＮＳに読書メモを投稿する場合は、「他人にも理解できる文章で投稿せねば」と、良い意味でのプレッシャーがかかります。

私も、読書メモをブログに公開するようになってからは「２０００字程度で考えをまとめてから発信せねば」と思うようになりました。２０００字は原稿用紙5枚分ですので、さすがに伝えたい内容を絞り込んだり、構成をしっかり考えなければなりません。それに、読み手にも理解できる表現で書かないと、読んですらもらえないので、自然と表現の細かい部分にも気をつかうようになります。

人によっては少し面倒に感じるかもしれませんが、いつでも読み返せるように丁寧に言語化したい場合は、外部に発信する前提で読書メモを取ってみることをおすすめします。

理由❷ 外圧がかかって習慣化しやすいから

この根拠として、他者からの注目が原動力となり、良い結果を残そうとして力を発揮する心理行動である「ホーソン効果」が挙げられます。

ホーソン効果を明らかにしたホーソン実験では、工場の作業において、照明の明るさと生産性の関係を明らかにする実験が行なわれました。実験当初は「照明が明るいほど生産性が上がる」という仮説が立てられていましたが、明るさを下げても生産性が上がる作業員もおり、この仮説は棄却されました。しかし、実験の対象者にヒアリングしたところ、「試験官に見られていたことが、生産性向上につながった」と判明しました。

ＳＮＳに読書メモを投稿することで、周囲から見られている状況を意図的に作り、その外圧によって行動の質を底上げできます。

もちろん、「注目されること」が前提ですので、「注目されていないな」と思ってしまうと効果が半減してしまいます。したがって、私自身は「ちゃんと注目されるように、良質な読書メモを発信せねば」と意気込みながら、日々ブログを更新しています。

理由❸ 自分の名刺代わりになるから

本を読んで、読書メモをブログで発信している人は、おそらく日本全国を見渡しても１００人に１人もいないでしょう。読書メモをブログで発信しているだけで、１００分の１の希少な人材になれるわけです。

２０１８年に総務省によって発表された「ＩＣＴによるインクルージョンの実現に関する調査研究」という資料があります。この資料によると、調査対象１２００人のうち、自ら情報発信や発言を積極的に行なっている人の割合は、ツイッター利用者で

7・7%、ブログ利用者で4・6%です。そのうち読書メモを発信している人はさらに少ないでしょうから、読書メモを積極的に発信しているだけで100人に1人の逸材になれます。

このように読書メモをSNSやブログで発信しつづけると、ビジネスの場面で「自分がどういう人間か」をアピールしやすくなります。何せ100人に1人くらいしかやっていない活動をしているわけですから、「趣味はランニングです」と発信する10倍くらいインパクトがあるはずです（ちなみに、2020年の笹川スポーツ財団による調査によると、20歳以上のジョギング・ランニング実施率は10・2%だそうです）。

たとえば、読書メモを発信しつづけることで、有識者の読書会に招いてもらえたり、著者からの献本の機会が得られたりするかもしれません。

ちなみに私自身は、ブログによる発信活動を続けたおかげで、結果として音声メディア「Ｖｏｉｃｙ」で9万人を超えるリスナーに向けて毎週発信する機会や、動画学習ツール「グロービス学び放題」に出演する機会、さらには今回の書籍出版の機会もいただくことができました。

いずれも、意図的に狙って手に入れたチャンスというよりは、たまたまそうなったという「結果論」にすぎません。しかし、第2章で、川の流れに身をまかせるような「川下り型」の読書法（61ページ）を推奨した身としては、読書メモを外部に発信するような**「いつ花開くかわからないが、他人がやらない珍しい行動」は、それなりに価値がある**のではないかと思います。

応用編③ ビジネス書同士の矛盾を楽しむ

ある本には「イヤな相手とは戦え」と書いてある。しかし、別の本には「イヤな相手とは戦うな」と記されている。もしくは、「イヤだったら断ればいい」と主張する本もあれば、「どんな依頼も断るな」と言う本もある——このように「本によって言っていることが矛盾しているな」と感じたことがある方は多いのではないでしょうか？

たとえば、「イヤなことは断れvs.イヤなことでも断るな」について考えてみましょう。ホリエモンこと堀江貴文氏の本では「イヤだったら断ればいい」「他人の言いなりですごすなんて時間のムダだ」と主張されています。一方で、某体育会系著者が書いた本には「どんな依頼も断るな」「断らないからこそ、相手に信頼され、次の仕事ももらえるのだから」と書かれています。どちらの著者も実績があり、説得力もあるので、両方を読んで「どちらの言い分を信じればいいんだろう？」と途方にくれる方も多いでしょう。

ちなみに、私自身は「イヤだったら断れ派」の主張が気に入っていたので、よく職場でも「その仕事は僕にとってあまり価値が高くないので、お断りします」と言っていました。しかし、その対応をしたところ上司や周りの方々からたくさんのお叱りを受けまして、自分の仕事を思い通りにコントロールすることはできませんでした。

イヤな仕事が目の前にあるときに、なぜホリエモンは断ることができて、私にはそれができないのだろうか？

この疑問を持ったときに、私は再度「どんな依頼も断るな派」の本を読んでみました。彼ら彼女らの言い分を紐解くと、何かヒントが隠されているのでは、と思ったからです。すると、1つの答えが見えてきました。

イヤな仕事が目の前にあるときに、なぜホリエモンは断ることができて、私には断れないのか？

答えは単純明快で、ホリエモンは替えがききませんが、私は替えがきく人材だからです。替えがきく人材は、とにかく交渉力が弱いんです。

「イヤだったら断れ派」を貫くためには、次の2つの条件を満たす必要があります。

・ほかの人には真似できないような、高いスキルを持っていること（競争優位性があること）
・そのスキルが、いろいろな職場・会社で必要とされていること（需要があること）

たとえば、あなたがエクセルを使った高度な分析スキルを持っていたとしましょう。この分析スキルを持っている人は周りにはおらず、あなたの分析のおかげで会社は好調な業績をキープできているとします。この分析スキルを持っている人はほかにいないため「競争優位性がある」といえますし、組織の業績を上げるために必要とされているため「需要がある」といえます。

この条件がそろっているときに、先輩社員からイヤな仕事を頼まれたときに「イヤです。どうしてもやれというなら、この会社を辞めます」と主張したとします。おそらく、仕事を頼んだ先輩社員は内心「何を生意気な！」とイラっとするでしょう。しかし、あなたに辞められると、職場に必要不可欠な分析スキルを持つ人間がいなくなり、大いに困ります。だから、先輩社員は強気に出るわけにもいかず、あなたの言い分を飲んでくれる可能性が高まります。

逆に、あなたが高度なスキルを持っておらず「替えのきく人材」だったとしましょう。この状態で、イヤな仕事に対して「イヤです。辞めます」と脅されても、先輩社員や職場は痛くも痒くもありません。なぜなら、あなたの代わりはいくらでもいるからです。何のスキルも持ち合わせていない新入社員時代は、まさにこの状況に当てはまります。

このように「イヤだったら断れ派」の主張を貫くのが困難なときは、大変心苦しいのですが、修行期間と割り切って「どんな依頼も断るな派」になる必要があります。どんな依頼も「くるもの拒まず」の姿勢で仕事をこなし、経験を積み、スキルの幅を広げていきましょう。そうすれば、少しずつ「替えのきかない人材」へと進化していくはずです。

何をお伝えしたかったのかというと「ビジネス書同士の矛盾を楽しみましょう」ということです。複数のビジネス書の教えが矛盾しているときは、「教えが矛盾しているのはおかしい」と思考停止するのではなく、次の論点を考えてみましょう。

・なぜ教えが矛盾しているのか？　それぞれの著者が置かれていた文脈は何か？
・一見すると矛盾しているように見える教えだが、どういう説明をすれば「教えが矛盾していない」といえるか？

このような視点でビジネス書と向き合ってみると、先ほどの「イヤなことは断れvs.イヤなことでも断るな」のような矛盾も紐解くことができます。

ほかにも本書では「積読は減らすべきか、減らさなくてもよいか」「速読したほうがいいのか、熟読したほうがいいのか」など、さまざまな二項対立について論じています。二項対立や矛盾をあえて取り上げることで、ひと回り広い視点で議論を展開できるようになります。私がお世話になったMBAスクールの教授に教わった言葉に「経営とは矛盾との対峙である」というものがあります。矛盾とは、私たちを一段上のレベルに引き上げてくれる存在なのかもしれません。

矛盾を見つけたときは、自分の思考を深める絶好のチャンスなのです。

第3章

まとめ

○本は全部読まずに、「大事な2割」だけ読み解けばいい。第3章では、本の中の「大事な2割」を効率良くつかみ取る2つのステップを紹介した。

ステップ❶ 高速回転並読（こうそくかいてんならべよみ）

・「1回あたりの読む時間」を短くし、とにかく「回転数」を上げる
・最初の3回は、理解しようとせずに「ただ眺めるだけ」の感覚で読む
・4〜7回目は、見出し・太字・各章の最初と最後だけを「理解するつもり」で読む
・8〜10回目は、興味があるけれど理解できなかった箇所をじっくり読む
・読んでいる間に並行して「無意識」を働かせる

ステップ❷ 理解を「要約」してみる

・要約は、「要点＝問い×答え×根拠」ありきである
・「著者が一番白黒つけたいと思っていること＝問い」を見つける
・問いに対する「答え」を明らかにする
・答えに対する「根拠＝Why＋How」を探す。Whyは「なぜ答えが正しいといえるのか？」、Howは「答えをどうやって実行するのか？」を指す
・「問い×答え×根拠」をA4用紙1枚（ペライチ）にまとめると、2つのメリットがある
メリット❶「ムダな情報を削ぎ落そうとする意識」が自然と働く
メリット❷コンパクトに情報をまとめておいたほうが、資産として使いまわしやすくなる

〇その他、応用編として、次のポイントを意識しながら読み解くと良い。
・読書メモにおける2つの「禁じ手」を心得る

禁じ手❶ 著者が置かれた文脈を切り取ってしまう「文脈剥離」

禁じ手❷ 本の表現だけをそのまま使う「写経メモ」

・外部に発信しながら学ぶと、学びの密度が高まる

・ビジネス書同士の矛盾を楽しむと、自分の頭で考える力が底上げされる

column

読書メモのカギは「構造化」にあり

第3章では本の内容を資産化するための「ペライチ整理術」を紹介しました。この方法において重要になるのが「構造化」のスキルです。私が考える構造化は、次の式で表現できます。

構造化＝物事を分ける×因果をつなぐ

物事を分けるとは、本の要約を例にとると「問い×答え×根拠」に分解していくイメージです。しかし、要素をただ分解するだけでは、本当の意味で「構造を理解した」とはいえません。問いと答えの関係性、答えと根拠の因果関係を正しく捉えてこその構造化です。この構造化に対するこだわりを、もう少し解説させてください。

まずは、物事を分けることについて。

たとえば、自分が所属する会社で「なかなか部下から提案が上がってこないんだよね。なぜだと思う？　ちょっと考えてみて」と上司から言われたシーンを想定してみましょう。

周囲の社員にヒアリングして回ったところ、次のような声が集まったとします。

・社員に提案を上げるスキルがない
・新しい提案よりも、定常業務を回した人のほうが評価される仕組みになっている
・「言い出しっぺが提案を実行しなければならない」という文化が根強い
・定常業務が複雑かつ多岐にわたっており、標準化や自動化がされていない
・社員がスキルアップに励んでいない
・そもそも提案を上げる気がない

・定常業務ばかりに時間を割いている
・提案資料を作るスキルがない
・時間と余裕がない

このメモの状態だと、情報がごちゃごちゃしていて、ちんぷんかんぷんですよね。これを今から整えていきます。

まずは、情報を分類するためのフレームを作ります。モノを収納するためには、収納するための箱＝フレームが必要です。ただ、一からフレームを考えるのは相当な労力が必要です。そこで、すでに世に出ているフレームがたくさんあるので、惜しみなく活用しましょう。3Cや4Pやらソフト／ハードやら、いろいろな耳慣れたフレームワークがあることは、皆さんもご存じでしょう。

今回の「なぜ提案が上がってこないのか？」を整理するためには、次ページの図3－7のフレームが適していそうです。

図 3-7：「なぜ提案が上がってこないのか？」を整理するフレーム

・ヒトの問題
▶▶▶▶ 個人の問題
▶▶▶▶ 組織の問題

・モノ（オペレーション）の問題

・カネの問題
▶▶▶▶ 特に情報なし

物事を分解して整理するために必要なもう１つの作業は「物事の粒度を整えること」です。

たとえば、次のような言葉が並んでいると、違和感がありますよね。

日本
中国
ロシア
ワシントン

なぜ違和感があるのでしょうか？

「言葉の粒度＝大きさ」がそろっていないからです。ワシントンは都市名でそれ以外

図 3-8：言葉の粒度がそろっていない例

- 提案を上げるマインドがない
- 提案を上げるスキルがない
- 提案資料を作るためのパワーポイントのスキルがない

は国名です。

もう少し実務で見かけそうな例を挙げると、上の図3-8のようなイメージです。

この3つが並んでいると、何だか気持ち悪いですよね。「パワーポイントの操作スキル」は「提案を上げるスキル」の一部のはずです。これらのことを意識しながら、先ほどの「なぜ提案が上がってこないのか？」の混沌としたメモを整理すると、次ページの図3-9のように表現できます。

最初のごちゃごちゃしたメモの状態よりは「構造化された感」が出てきましたね。

図 3-9：メモを整理した結果

・ヒトの問題

▶▶▶▶ 個人の問題

提案を上げるスキルがない

・能力開発を行なわない

提案を上げるマインドがない

・定常業務ばかりに時間を割いているため、時間と余裕がない

▶▶▶▶ 組織の問題

組織文化

・「言い出しっぺが提案を実行しなければならない」という文化が強い

評価

・提案よりも定常業務を回した人のほうが評価される仕組みになっている

・モノ（オペレーション）の問題

▶▶▶▶ 定常業務が複雑かつ多岐にわたっており、標準化・自動化されていない

・カネの問題

▶▶▶▶ 特に情報なし

ただ、これだけでは「構造化」とは呼べません。ここまでは、あくまで前さばきにすぎません。

物事を分けて整えたあとは、因果関係をつないでいきます。

先ほど整理したメモを「ああでもない、こうでもない」と試行錯誤しながら、因果関係を特定していきます。項目を1つずつ付箋に書き出して、それをいろいろ並べ替えてみると、思考がスムーズに進みます。

たとえば、今回の「なぜ提案が上がってこないのか?」のメモをさらにブラッシュアップすると、168～169ページの図3-10のようになります。

だいぶ簡易的ですが「なぜ提案が上がってこないのか?」のメカニズムが少しずつつかめてきましたね。これが「因果をつなぐ」のイメージです。

これらの思考の積み重ねをどれだけ丁寧に行なえるかが、構造化の質、さらには「ペライチ整理術」の質を左右します。

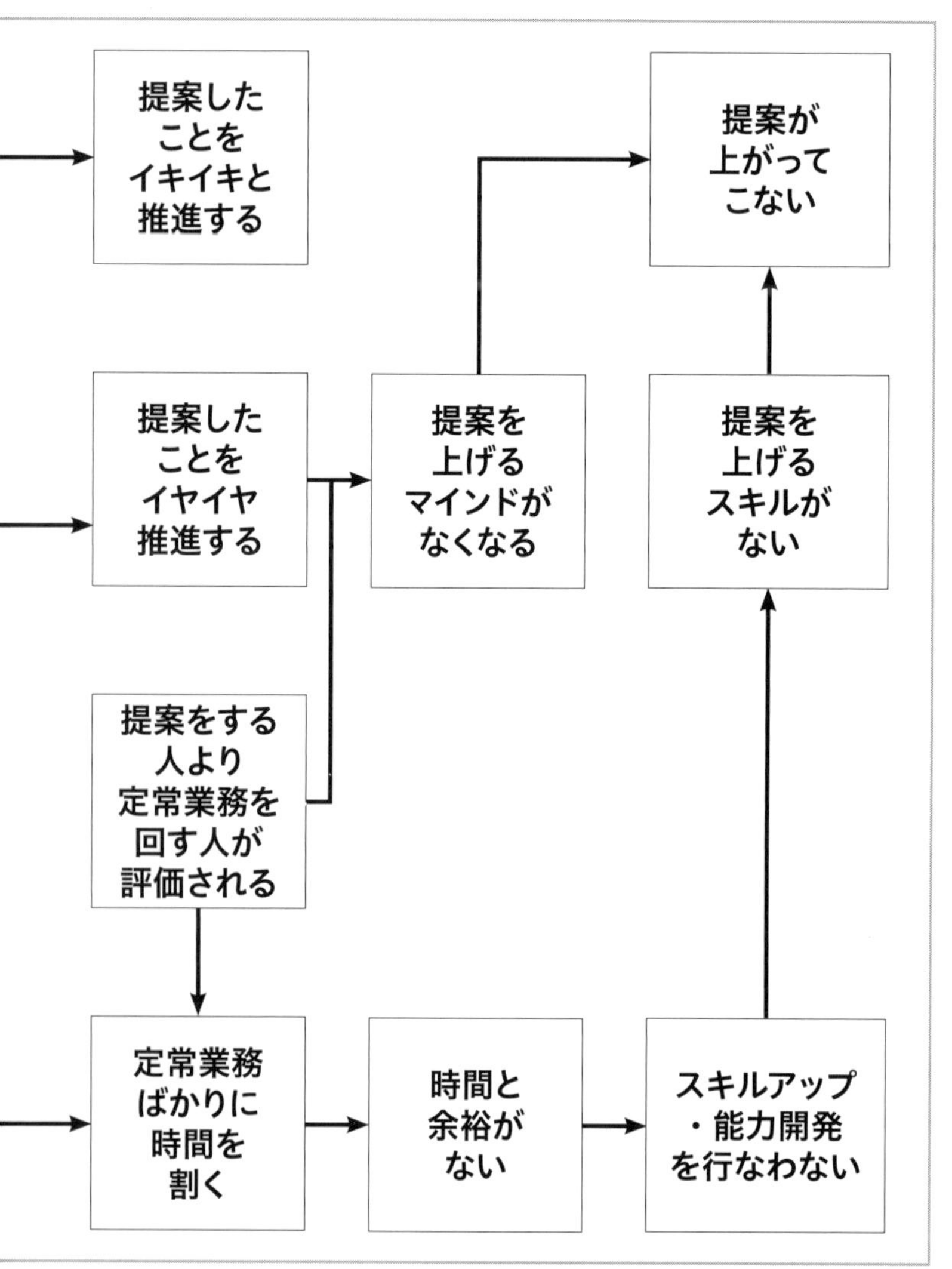
提案した
ことを
イキイキと
推進する
提案が
上がって
こない
提案した
ことを
イヤイヤ
推進する
提案を
上げる
マインドが
なくなる
提案を
上げる
スキルが
ない
提案をする
人より
定常業務を
回す人が
評価される
定常業務
ばかりに
時間を
割く
時間と
余裕が
ない
スキルアップ
・能力開発
を行なわない

図表 3-10：「なぜ提案が上がってこないのか？」の「構造化」

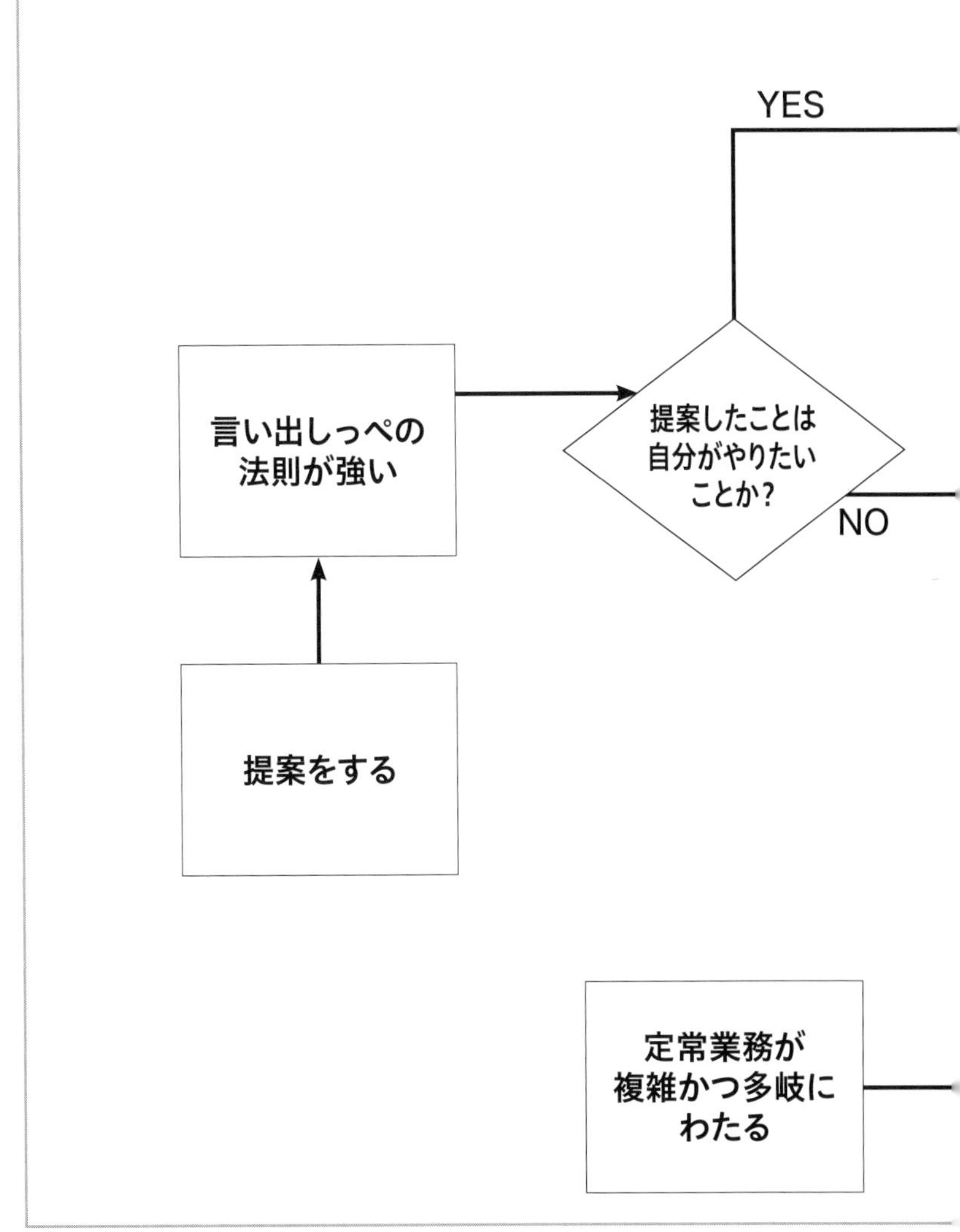

第4章

私の「資産本」コレクション

資産本❶

『知的複眼思考法』

苅谷剛彦

講談社＋α文庫、2002年

本書は「これまで読んだ本の中で、私の考え方に最も影響を与えた本」です。本書を読んで「自分の頭で考える」の意味を初めて理解したからです。

自分の頭で考えるとはどういう意味か——この本を読んで、私なりにたどり着いた定義は「あらゆる立場から問いを投げかけること」です。今や問いに対する答えは、グーグルで検索すると何万件もヒットします。しかし、問いをひねり出す行為そのものは、調べる張本人がやらねばなりません。

『知的複眼思考法』から学んだ「問い方」は3つあります。

1つ目の問い方は「関係の中でものを捉える」。そのためにも、まずは目の前の問題はどのような要因の「複合」かを考える必要があります。

たとえば、「ITの導入が遅れている」という問題を、ITを売る側と使う側に分けて要因を考えると、要因同士がどのように関係し合っているかがわかります。

また、ビッグワード（どうとでも解釈できる言葉）を「○○化」と捉え直す方法もあります。たとえば、ITを「IT化」と捉えることで、「IT化が進むプロセスを言語化しよう」と思考しやすくなります。「IT化は、あるべき業務の流れを定め、その業務を支える技術を選び、選んだ技術を作り込み、今ある業務を変えながら導入して定着させることである」といったようにプロセスで捉えてみると、一言で「IT化」といってもさまざまなニュアンスが含まれていることがわかります。このように、『知的複眼思考法』では、用語を一面的に切り取ることなく、全体のメカニズムの中で捉える方法を教えてくれます。先述のコラム「読書メモのカギは『構造化』にあり」（161ページ）の話も、この本の影響を大いに受けています。

2つ目の問い方は「逆説を見つける」。

具体的には、これからやることの「副作用」を考えることを意識しています。これは、問題解決の名著『ライト、ついてますか』（ドナルド・C・ゴース／ジェラルド・M・ワインバーグ、共立出版、1987年）に書かれている名言「すべての解答は次の問題の出所」にも通ずるものがあります。「この問題を解決すると、新たにどんな問題が発生しそうか？」を考え尽くす。この思考過程を踏むかどうかで、得られる成果が大きく変わってきます。たとえば、RPA（ロボティック・プロセス・オートメーション）を使って、業務を自動化したとしましょう。確かに、RPA導入によって、業務の属人化やムダな作業が解消されるかもしれません。しかし一方で、RPAのツールをメンテナンスする作業が発生したり、想定通りシステムが動かなかったときのトラブル対応が別途必要になります。このように、問題を解決すると、また別の新たな問題が副作用として発生します。その副作用まで考えを及ぼしておく重要性を、この本から教わりました。

3つ目の問い方は「『問題を問うこと』を問う」。

「世の中で取りざたされている問題は『そもそも問題なのか？』を考え直す」ということです。この考え方は、大学時代のゼミで叩き込まれたものでもあります。

ある日、「教育格差は問題だ」と主張する論文を書いて、ゼミの場に持って行ったときの話です。「教育格差は当然、問題だ」と考えている私でしたが、先生や先輩たちからは「教育格差の何が問題なのか？」「教育格差が拡がると、誰が何に困るのか？」「格差が起きるのは、当事者の自己責任によるものではないのか？」「生まれても良い格差とそうではない格差の違いは何なのか？」と怒涛の質問を浴びせられました。お恥ずかしながら、議論でボコボコにされたのは、これが人生で初めてだったのを今でも思い出します。もちろん悔しかったのですが、それ以上に「自分の頭で考えるとは何たるか」を毛穴で体感できた瞬間でした。

以上、この本から学んだことのエッセンスだけをかいつまんでお伝えしましたが、おそらく抽象的で腑に落ちない箇所もあったかと思います。しかし、ご安心ください。この本の真骨頂は、議論の題材が豊富な点です。2000年前後の新聞記事を1つ1つ取り上げ、多面的に議論を展開していくスタイルで書かれています。読んでいくと、1つの新聞記事の記載に対して、データの読み取り方や記事の背後にある前提などについて、著者がものすごい数の指摘をしています。新聞記事に「書かれていないこと」まで見透かして指摘する様には、今読み直しても本当に驚かされます。

知的複眼思考とは？

常識にとらわれず、物事を多面的に見る考え方

逆説を見つける

・これからやることの「副作用」を考える。「問題を解決すると、どんな問題が新たに起こるか」を考える

・これからやることの「抜け道がないか」を考える。「抜け道を使う人は誰か」「抜けられたときに何が起こるか」を考える

・これからやることが集まったときに「何が起こるか」を考える。「ほかの人も同じことをしたときに何が起こるか」を考える

「問題を問うこと」を問う

・問題らしきものを見つけたら「そもそも、これは問題か」「誰から見ても問題なのか」を考える

・問題を立てることで、「隠されるものは何か」「誰が得／損するのか」を考える

図 4-1：『知的複眼思考法』から得た学び

関係の中でものを捉える

・目の前の問題はどのような要因の「複合」かを考える

・要因同士がどのように関係し合っているかを考える

・ビッグワードを「○○化」として捉える

例）ITを「IT化」として捉え直す
IT化のプロセスを言語化する

資産本❷

『もっと早く、もっと楽しく、仕事の成果をあげる法』

古谷 昇

PHP研究所、2004年

この本は、私に仕事の学び方を教えてくれました。メッセージは「仕事は〝コツ〟で覚えなさい」というものです。

では、「コツ」とは何か？

それは「ここさえ押さえておけば、誰だって70点は取れるであろう、本質的かつ具体的なポイント」のことです。

この本は、「コツ」について、跳び箱を例にわかりやすく解説してくれます。

たとえば、跳び箱を飛ぶときのアドバイスとして「もっと遠くから助走をつけなさい」「踏切の位置はここにしなさい」「手をついたときは肘を真っ直ぐにしなさい」など、具体的な方法をたくさん教わります。この本の著者に言わせると、これらのノウハウはすべて「コツ」ではありません。
跳び箱を飛ぶときの「コツ」、それは「両腕で体重を支える感覚を覚えさせること」です。「床に座り、両脚の間に両手をつき、両腕で身体をちょっと浮かせてみる」という感覚さえ押さえれば、あっという間に跳び箱を飛べるようになるそうです。たくさんのノウハウを五月雨式に試すよりも、たった1つの「コツ」さえ試せば70点が取れる。これが、仕事を「コツ」で覚える最大の効用です。

では、どうすれば、仕事を「コツ」で覚えられるのでしょうか？
そのヒントとして、この本では次の方程式が紹介されていました。

わかる＝理解する×こなれる

「理解する」のほうは、ビジネス書などを読んで「ああ、こうなればいいのか」と理解した状態をさします。ここまでは、さほど難易度は高くありません。しかし、この状態では、まだ「わかっている状態」とは乖離があります。

となると、「コツ」で覚えるヒントは、もう片方の「こなれる」に含まれていそうです。この本を読み解くに、「こなれる」ためには、「お手本となる人を観察し、自分なりの気づきを得て、実践を繰り返して血肉にすること」が必要だと解釈しました。

たとえば、説明がわかりやすい人を観察していると「全体から、結論から、短文に区切って話す」「大事なところはゆっくり話す」の2点がコツなのだと見えてきたので、それを見よう見真似で実践しつづけました。何となく真似を続けていると、次第にお手本にした人と同じような話し方になってきました。

これ以降は、お手本を見つけては、とにかく真似しながら「コツ」を抽出するようになりました。「今日はAの部分を真似してみよう」「今日はBの部分を真似してみよう」と、真似する箇所をずらしていくと、次第に「あっ、この部分がうまくなればいいのか」と、「コツ」に近づいていく——こんな学び方をするようになって以降、仕事の吸収スピードが見違えるほど速くなりました。

しかしながら、感覚値としては、私自身はこの本で語られる「コツ」についてまだ6割くらいしか理解できていないのではないかと思っています。表現こそ簡易的なのですが、抽象度が高く、噛み砕いて血肉化するには、数年の時間がかかります。この本と出会って10年近くたちますが、いまだに毎年1回は読み直しています。

図 4-2：『もっと早く、もっと楽しく、仕事の成果をあげる法』から得た学び

本書の問い	●「ハタから見ると、さして苦労していないのに仕事がうまくいっている人」は何が違うのか？
問いに対する答え	●仕事で早く楽して成果を出すには、「仕事を“コツ”で覚える」ことが重要である。100個のハウツーを覚えるよりも、たった1個の「コツ」を覚えることに集中する ●「わかる＝理解する×こなれる」の方程式を意識する
具体的な方法論	●お手本となる人を観察し、自分なりの気づきを得て、実践を繰り返して血肉にする ●たとえば、著者が、お手本になる人を観察して見つけた「プレゼンの“コツ”」がある。それは以下3つ ○大きな声で話す ○前を見る ○メリハリをつける

資産本❸

『問題解決の全体観　上巻　ハード思考編』『問題解決の全体観　下巻　ソフト思考編』

中川邦夫　コンテンツ・ファクトリー、2008年

この本は、数多ある問題解決本の中で、個人的には「最も深くてわかりやすい」と思っています。しかし、本書の存在を知っている人はかなり少ないのではないでしょうか。どこの書店を探しても、置いているお店を見かけたことがありません。読んでみたいと思った方は、アマゾンでの購入をおすすめします。

そんなレアな存在であるこの本と出会ったのは「全体観」というキーワードがきっかけでした。コンサルティングファームの新卒研修最終日に、研修の評価を告げられたときのことです。研修の評価自体は良かったのですが、1つだけフィードバックをいただきました。

「君はすぐに部分を見てしまう。もっと全体観を見なさい」

当時の私は言葉の意味がわかっていませんでした。「全体観」なんて意識したことがなかったからです。

そこで、帰宅後バカ正直にアマゾンで「全体観」と検索したところ、『問題解決の全体観』がヒットしました。上巻が3080円、下巻が2860円と、普通の本よりも高価だったこともあり、ほかの問題解決本とは何か空気感が違うと感じた私は、気づけば購入ボタンを押していました。

実際に読んでみると、「今まで読んだ問題解決本は何だったのか!?」と言いたくなるくらい、学びの量に圧倒されました。

第一に、文字通り「問題解決の全体観」をつかめたからです。巷の問題解決本を開くと、確かに「MECE」「ロジックツリー」「フレームワーク」「仮説思考」などの思考ツールの使い方が丁寧に解説されています。しかし、問題解決に必要な「頭の使い方」「心がまえ」「進め方」をすべて網羅しているのは、この本くらいではないでしょうか。
具体的には「問題にはどんな種類があるか？」「問題を解くためにはどんなプロセスで考えればよいか？」「ＭＥＣＥ、ロジックツリー、フレームワーク、仮説思考の出番はいつなのか？」「問題解決を進めるうえでの心がまえ（作業と仕事の違いなど、本質的な心がまえまで）は何か？」「実務で問題を解決するときは、どんな進め方をすれば良いか？」「誰をどんな順番で説得するのか？」など、問題解決にかかわる論点がすべて網羅されています。問題解決本があまり出回っていなかった２００８年時点に出版されたことを思うと、驚きを禁じ得ません。

第二に、問題解決ツール1つ1つへの理解度が格段に上がりました。
たとえば、代表的な問題解決ツールに「空・雨・傘」があります。以下のように、「状況→解釈→行動」と思考を進める技術をさします。

空＝状況：空を見上げると、西の空が暗く曇っている
雨＝解釈：どうやら雨が降ってきそうだ

傘＝行動：傘を持って出かけよう

たいていの本は「空・雨・傘」についてこれ以上は解説されていないのですが、本書はまったく違いました。

・「空・雨・傘」にも、与えられた仕事の段取りを考える「段取りの空・雨・傘」と、与えられた仕事の意図と期待されているアウトプットまで考える「意味合いの空・雨・傘」がある。この別次元の「空・雨・傘」を意識できているかどうかで、成果に大きな差が出る
・「空・雨・傘」に何パターンも広がりを持たせるためには、「それ」と「それ以外」に分けていくと良い

詳しい解説はこの本に譲りますが、このように「空・雨・傘」1つとっても、非常に奥行きのある説明がなされています。「空・雨・傘」以外に、ロジックツリーについても骨の髄（ずい）までしゃぶりつくすように解説されているため、問題解決への理解が人

一倍深まるはずです。

第三に、情報の密度に驚かされました。

1冊200ページ以下で、1ページ内の文字数も極端に抑えられています。それにもかかわらず、1行1行が脳内に重々しく浸透していきます。たとえば、次の文章をご覧ください。


知識・経験の広さや強さがものをいう。

直観力を後天的なものとするならば、直観力にはそれまでの知識や経験が大きく影響してくるはずである。

一つは知識・経験の広さ。

これが広ければ広いほど、呼び起こされる体験記憶は多様なものになる。

もう一つは知識・経験の強さ（絶対値の大きさ）。

同じ知識・経験であっても、常識的な±1のレンジよりも、±3、±5のレンジで経験した方が、体験記憶の凄みが増してくる。

平凡・無難、人並み・横並びばかりでは、優れた直観力は生まれにくい。いかに工夫して知識・経験を広げ強くすることが、直観力。ひいては問題解決力に大きく影響するのではないかと思う。

(『問題解決の全体観　下巻』より)

一文がどんなに長くても60字以内に収められており、一言一言のワーディングやリズムの刻み方に強いこだわりが感じられます。「密度が高い文章とはこういうものか！」と思い知らされました。

以上の学びを得る中で「全体観」というキーワードの輪郭をつかむことができました。私にとっての全体観とは「考えるべき全体を押さえる力」を指します。この学びを得て以降は、何か問題と出くわしたときは「何と何に答えが出ていれば、問題が解けたと言えるのか?」を先に考えるようになりました。プライベートでも、ブッフェに行ったときは、いきなり目についた食べ物を取るのではなく、まず初めに置かれている料理をすべて見渡すようにもなりました。

図 4-3：『問題解決の全体観』から得た学び

問題解決の型	●「空・雨・傘」を複数パターン考えておく ●精度を上げたいなら「解読・創案・評価・選択」を使う
問題解決の道具	●漏れなくモノを捉える（MECE） ●構造的に広がりを持たせてモノを捉える（ロジックツリー）
問題解決の思考様式	●答えを探すのではなく、答えを創る ●複眼的にものごとを捉える ●思考の「回路」を鍛える
問題解決の試合運び	●「作業」と「仕事」を使い分ける ●プロジェクトで勝つためには、「作業」に逃げない 「仕事」が先、「作業」が後

資産本④

『リーダーシップに出会う瞬間』

有冬典子

日本能率協会マネジメントセンター、2019年

「リーダーシップ」の概念を最も身近に感じさせてくれた本です。ストーリー形式で記されているのですが、とにかく現場感が緻密に描かれています。

ストーリーの主人公である青木さんは、ある日、係長への昇進を打診されます。青木さんの反応はというと「ありがとうございます。喜んで」ではなく「困ったな……」でした。管理職になれば責任も重くなるし、目上の人にも指示を出すシーンも出てくる。重大な意思決定ばかりを求められ、社内調整に追われて部門間や上下間で板挟みになる――誰もが抱くであろう「リーダーになることへの不安」を非常にリアルに表現してあります。

この本の概要をかいつまむと、次のようなことです。

・リーダーシップとは「影響力」のことで、4つの段階が存在する。

・第一段階は「エゴリーダー」。まず、他者のことは、自己の欲求を満たすための道具・手段としか思っていない。また、弱肉強食の価値観の持ち主である。このリーダーを経て、「自分の思いを押し通す推進力」「はっきりと発言する力」「譲らない強い意志」を養うことができる。（第一段階から第二段階に進むためには、「他者から見た自分の姿を認識できる」「自分の行動の起点が〝保身〟からなのか〝願い〟からなのかに気づく」などの変化を経る必要がある）

・第二段階は「八方美人」。他者のことを、自己イメージを形成するために必要なものと捉えている。言い換えれば、周囲に依存して、自己イメージを形成させているともいえる。この段階は、コミュニティを重視する価値観である。このリーダーを経て、「他者の気持ち・思考パターン推察する力」「空気を読む力」「角が立たない言動」を養うことができる。（第二段階から第三段階に進むためには、「事実と解釈を分けて思い込みをなくす」「他者の気持ちを考慮しつつ、それらに呑み込まれないよう自分の気持ちを大切にできる」といった意識へと変容する必要がある）

・第三段階は「コアリーダー」。このリーダーは、他者のことを、協力者、同僚・仲間だと捉えている。この段階に到達すると、「独自の価値体系＝理念」「考えを言語化する力」「全体最適の視点」「巻き込み力」「向上心」「自己信頼」を養うことができる。（第三段階から第四段階に進むためには、「〝損してもいい、嫌われてもいい、無価値でいい〟と思えるようになる（自愛から慈愛へ）」といったマインドセットに変える必要がある）

・第四段階は「超コアリーダー」。この段階までくると、他者のことを、自己の変容に貢献するものと捉えるようになる。価値観としては、「人間性・慈悲心」といった精神を持っている。このリーダーになると、「個と全体の双方の可能性を最大限に引き出す力」「その瞬間瞬間とともにいる力」「常に目の前の人と出会い直す力」「新しい自己への好奇心」を養うことができる。

以上、概要を振り返りましたが、簡易的に表現すると「空気を読めない」はエゴリーダー、「空気を読む」は八方美人、「空気を読まない」はコアリーダーだと整理できます。

エゴリーダーは、他者から見た自分の姿を認識できません。つまり、自分が何かを主張したときに、周りがどんな感情になるかを考えられない。だから「空気を読めない」

と表現できます。八方美人は、他者から見た自分の姿を重視するあまり、周りからの見られ方を気にします。周囲の顔色をうかがい、角が立たないように「空気を読む」力に長けています。コアリーダーは、他者から見た自分の姿を認識したうえで、それに飲み込まれずに自分が抱く理念を大事にします。つまり空気を理解したうえで、あえて「空気を読まない」選択ができます

おそらく、ほとんどの方は「八方美人とコアリーダーの境目」で悩んでいるのではないでしょうか？　私が周囲の方々にヒアリングしてみると、この境目で葛藤している方が多い印象でした。ちなみに、私自身はもっと遅れていまして、この本を読んだ当初は「エゴリーダーと八方美人の境目」で悩んでいました。自分の主張ははっきり持っており、他人の感情は二の次にしてロジックで押し通すスタイルを貫いていたからです。

新卒のコンサル1年目のときは、私が作った資料を上司が話したり、私が話しているときも上司にフォローしてもらったりと、あまり悩むシーンに出くわしませんでした。しかし、自分がプロジェクトをリードする立場になって、思ったように関係者に動いてもらえず、大いに苦しみました。いくら論理的にわかりやすく資料を作って伝

えても、相手に理解はしてもらえど納得してもらえない。同じ発言を上司がすると、なぜか物事がスムーズに動き出す。

「上司と自分の違いはいったいどこにあるのか？」と悩んでいるときに、この本の存在を知りました。読んだことで、リーダーシップには四段階があり、自分は一段階目だと認識できました。そして、まずは「他者から見た自分の姿」を認識できるよう、いろいろ工夫してみました。たとえば、田坂広志氏の『能力を磨く』（日本実業出版社、2019年）に次のような内容が書かれています。

第一　会議や商談の後、参加者や顧客の無言のメッセージを推察する
第二　会議や商談の後、自分の無言のメッセージが相手にどう伝わったかを想像する

この取り組みを繰り返した結果、以前よりは「自分がこの発言をすることで、誰がどんな感情を抱きそうか」を推察できるようになりました。今では「合理性よりも合目的性」と思えるようになったので、少しはコアリーダーに近づけたんだと思います。

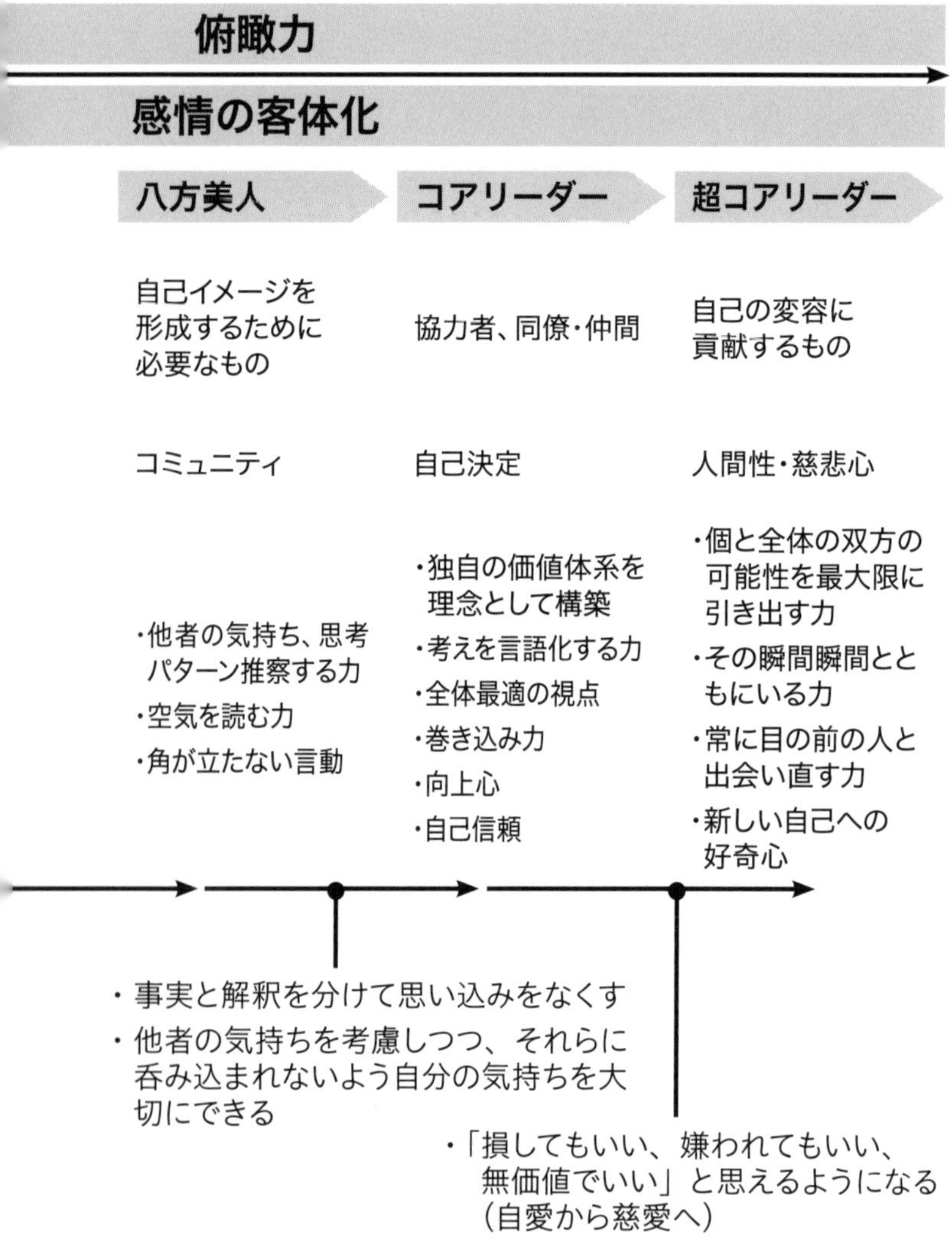

俯瞰力

感情の客体化

八方美人	**コアリーダー**	**超コアリーダー**
自己イメージを形成するために必要なもの	協力者、同僚・仲間	自己の変容に貢献するもの
コミュニティ	自己決定	人間性・慈悲心
・他者の気持ち、思考パターン推察する力 ・空気を読む力 ・角が立たない言動	・独自の価値体系を理念として構築 ・考えを言語化する力 ・全体最適の視点 ・巻き込み力 ・向上心 ・自己信頼	・個と全体の双方の可能性を最大限に引き出す力 ・その瞬間瞬間とともにいる力 ・常に目の前の人と出会い直す力 ・新しい自己への好奇心

・事実と解釈を分けて思い込みをなくす
・他者の気持ちを考慮しつつ、それらに呑み込まれないよう自分の気持ちを大切にできる

・「損してもいい、嫌われてもいい、無価値でいい」と思えるようになる（自愛から慈愛へ）

図 4-4：『リーダーシップに出会う瞬間』から得た学び

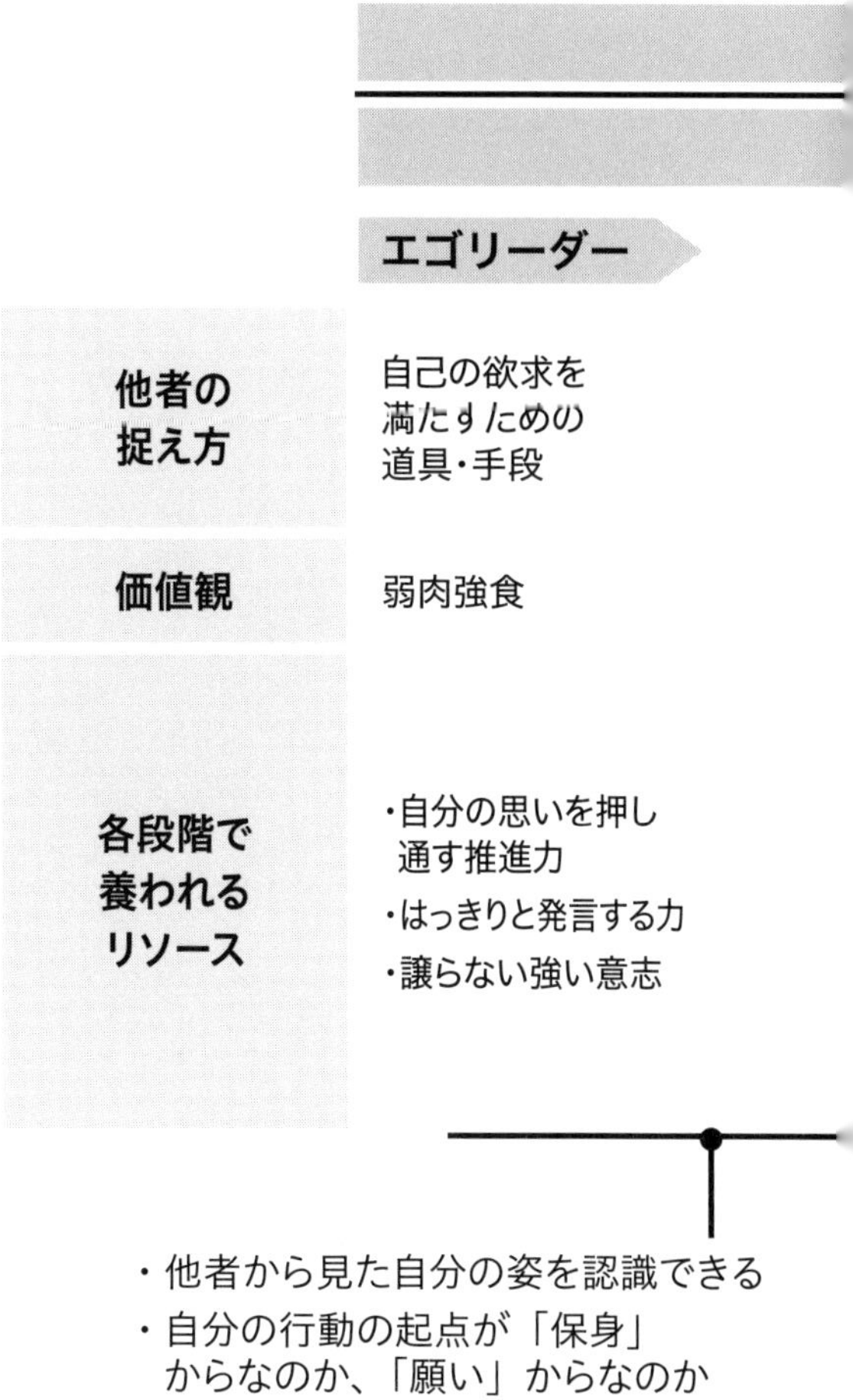

	エゴリーダー
他者の捉え方	自己の欲求を満たすための道具・手段
価値観	弱肉強食
各段階で養われるリソース	・自分の思いを押し通す推進力 ・はっきりと発言する力 ・譲らない強い意志

・他者から見た自分の姿を認識できる
・自分の行動の起点が「保身」からなのか、「願い」からなのか

資産本 5

『「仕事ができる」とはどういうことか？』

楠木 建・山口 周

宝島社、2019年

この本は、私が大好きな著者である楠木建氏と山口周氏の共著だという理由で手に取りました。このお2人に共通しているのは、論理的思考だけでは絶対に出てこないような示唆を次々と展開されている点です。タイトル通り「仕事ができる」の意味を教えてくれます。

この本では「仕事ができる」とは、「『センス』を使って成果を出せること」と定義されています。言語化が難しい「仕事ができる」の意味合いを説明し切っている点からも、著者の思考の深さを思い知らされます。

では、センスとは何でしょうか？

私なりの解釈では、センスとは、具体と抽象を行き来できることであり、疑うべき常識を見抜くことでもあります。そしてセンスの対義語はスキルです。スキルとは、「役に立つ解決策を提供してくれる力」を意味しますが、「役に立つもの」は世の中にありふれています。世の中にありふれているものは、厳しい競争にさらされるため、「役に立つ」だけを追求していては、いずれ限界に直面する。そこで重要になるのが「センス」です。

では、センスがある人はどんな特徴を持っているのか。この本の中で特に印象に残った特徴を取り出すと、以下の3点です。

① 「部分」ではなく「全体」で考えられる
② 順列的なストーリーで考えられる（並列的なToDo思考ではなく）
③ 自分のセンスの「土俵」がよくわかっている

「①『部分』ではなく『全体』で考えられる」については、日々のあらゆる場面で意識するようになりました。

たとえば、ブッフェやバイキングに行ったとき。ブッフェ会場の全体像を見渡さずに、目につく食べ物から順番に取っていくと、本来食べたかったものにありつく前にお腹一杯になってしまいます。そうではなく、まずはブッフェ会場を歩いてひと通り全体を見てみる。そして、1〜3回目にかけて、どんな順番でどの食べ物を取っていくかを考える。「部分」ではなく「全体」で考えるとは、こういう感覚だと思います。ブッフェでの食べ物選びのような些細なことであっても、「全体から考えること」にこだわってみると、仕事のセンスも徐々に上がっていくはず。そう信じて、毎日をすごしています。

「②順列的なストーリーで考えられる」は、「何をするか?」ではなく「どんな順番でやるか?」が大事だという意味合いだと理解しています。

たとえば、第1章では「物事を学ぶときの順番は、インプットとアウトプットどちらを先にすべきか?」を議論しました。これは、何をやるかよりどんな順番でやるかが大事なのもあって、こだわって検討したポイントでもあります。物事の順番へのこだわりは、この本によって培(つちか)われました。

「③自分のセンスの『土俵』がよくわかっている」ですが、自分の土俵がわかっている人は、自分が有利に立ち回れる領域をかぎ分ける嗅覚を持っています。

著者いわく、土俵感を育てるためには、とにかくいろいろな仕事に手を出してみる必要があるそうです。この学びを得て以来、手当たり次第さまざまなことに挑戦し、「この仕事は、たいして労力をかけていないにもかかわらず、周りの人に喜んでもらえた」「この仕事は、かなり苦労したのに、全然お客さんに喜んでもらえない。むしろミスばかりしてしまう」と、仕事を振り分けていきました。

私自身ここ3年の間だけでも、セミナーの企画、イベントの運営、メールマガジンの作成、Ｗｅｂアプリのデザイン、データアナリティクス、チームマネジメントなど何でもやってみました。

すると次第に、自分なりの土俵感がつかめてきまして、「情報設計や構造化」こそが得意領域なんじゃないかと見えてきました。

この一生モノの気づきを与えてくれたこの本は、紙版だけでなくキンドル版も購入し、いつでも読めるように保管しています。

なぜ「センス」なのか？

なぜスキルだけだと限界に直面する？

- スキルの先にある「役に立つ」は飽和していく

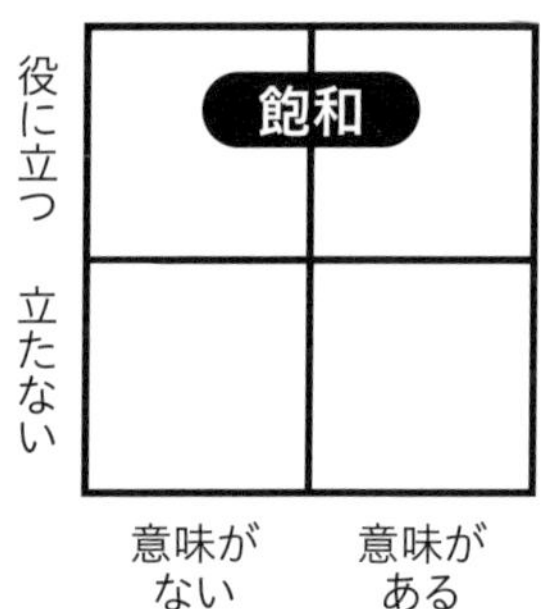

なぜセンスの扱いが劣後される？

- センスは説明能力（アカウンタビリティ）が弱いから
- センスは「努力が報われる"因果応報の世界観"」とかけ離れているから

仕事ができる人／できない人の差は？

仕事ができる人の特徴は？

- 自分の「意思」で内発的に動ける
- 「部分」ではなく「全体」で考えられる
- 自分のセンスの「土俵」がよくわかっている
- 順列的なストーリーで考えられる
- 一挙手一投足すべてが、「利益＝支払意思額－コスト」につながっている

仕事ができない人の特徴は？

- すぐに「分析」や「作業」に手をつけて安心する
- 順列の感覚を持たずにToDoリストを作る
- 学んだことが使われずに過剰在庫になっている

図 4-5：『「仕事ができる」とはどういうことか？』から得た学び

「仕事ができる」とは
どういうことか？

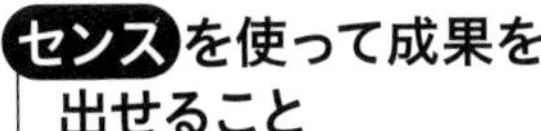

誰もが見て見ぬフリを
してきた矛盾を直視できる

「具体と抽象の往復運動」
ができること

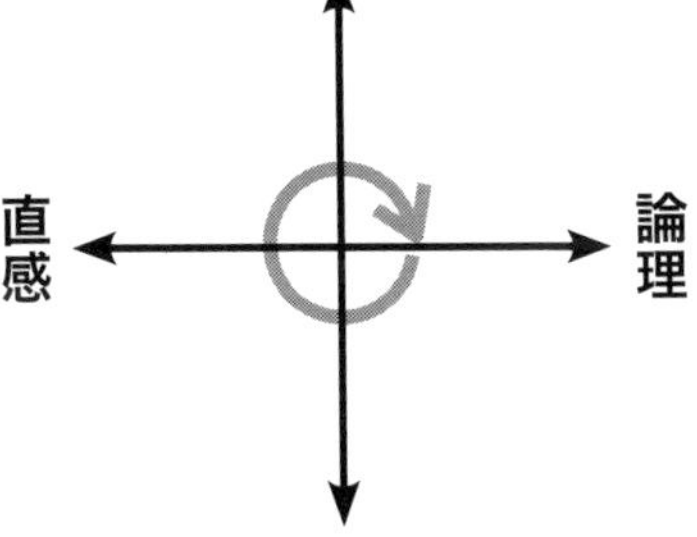

資産本❻

『アイデアのつくり方』

ジェームス・W・ヤング

CCCメディアハウス、1988年

この本には、MBAの取得中にスクールの予習で行き詰まったときや、コンテンツ作りの仕事が増えてきたときに大いに助けてもらいました。

この本の驚くべきところは、著者のヤング氏が書いたページ数は「まえがき」も含めてわずか50ページ前後である点です。しかし、その50ページには、アイデアを生み出すための本質だけがムダなく凝縮されています。

まずアイデアを作る原理が2つ書かれています。

第一に、アイデアとは既存の要素の新しい組み合わせであるということ。

第二に、新しい組み合わせを作り出す才能は事物の関連性を見つけ出す力に依存するということ。

今となっては、1つ目の原理はイノベーションの方法論として、2つ目の原理も「アナロジー思考」という名前で、世の中で大活躍しています。しかし、この本がアメリカで刊行されたのは1940年のタイミングです。この時点で、アイデア作りの本質を見抜いている点には驚きを禁じ得ません。

この本に記されているアイデアの作り方を私なりに整理したものが206～207ページの図4-6です。この中で最も重要だと痛感したのが、絶望状態に陥ったあとに「問題をすべて放棄する勇気」です。言い換えると、「無意識に考えてもらう時間を意図的に作る」ということです。

この効果を痛感したのが、MBAプログラムの課題で大量のレポートを書かねばならなかったときでした。同時に3分野のレポートを2週間で仕上げるタイトなスケジュール。その中の1科目が、レポートを書くために、知っておくべき専門知識も多く、大量のページ数の読み物を紐解く必要がありました。そこで、レポートを書くための情報を付箋に書き出したものを模造紙に貼り付けていき、問題の構造を整理しようと試みました。しかし、納得いく整理に行きつかず、この本でいう絶望状態に陥るハメに。仕方なく、気分転換がてらレポートを放棄してサウナに出かけ、水風呂と行ったり来たりしながらボーっとして頭を空っぽにしました。このときの心境は穏やかなものではありませんでした。レポートの考えがまとまっていない中で、サウナに出かけるのは、現実逃避としか思えなかったからです。「もし、頭を空っぽにしてしばらく時間がたっても、何もアイデアが思いつかなかったらどうしよう!?」と恐怖ばかりが頭をよぎります。

そんな絶望感に浸りながら、翌日に再び、付箋が貼ってある模造紙と向き合ったあとに、風呂掃除がてらシャワーを浴びていると、アイデアが文字通り降ってきたのです。アイデアを忘れないうちに、模造紙の前に戻り、気づいたことを書き出していくと、自分でも驚くほどスムーズに問題を整理でき、仕上げたレポートもクラスで1位の評価を得ることができました。

このエピソードの中だと、「問題を放棄してサウナに逃避する」という行為が、まさにこの本でいう「問題をすべて放棄する」のプロセスだったのだと気づきました。

それ以降は、MBAのレポートを仕上げるときやコンテンツを考えるときに「資料を読み込む↓読み込んだ情報をもとに問題について考え込む↓一度放棄してサウナに行くなり走るなりする↓再び問題と向き合う」と、意図的に無意識を活用するプロセスを回すようになりました。このプロセスを回すと、もちろん「もしアイデアが思いつかなかったらどうしよう」という恐怖に苦しむハメになりますが、それと引き換えに、ある日ふとアイデアが降りてくる確率が大幅に上がります。

この方法論を学んでからは、ＭＢＡのレポートで2本に1本はクラス最高評価を獲得し、全科目で最高成績を取ることができました。当時は、論理的思考は得意としていたものの、クリエイティビティや発想力の弱さにコンプレックスを感じて悩んでいた時期でもあったので、突破口をこじ開けてくれたこの本には感謝しかありません。

また、趣味で書いているブログをはじめ、作品作りの品質も上がっていき、Ｗｅｂコンテンツの制作や、「グロービス学び放題」（ビジネスの知識をいつでもどこでも学べるサービス）の動画制作にもかかわらせていただくことになりました。

自分が大好きなコンテンツ作りの仕事の幅を広げてくれた人生の伴侶本として、今でも重宝しています。

・アイデアとは**既存の要素の新しい組み合わせ**である

・新しい組み合わせを作り出す才能は**事物の関連性を**見つけ出す力に依存する

特殊資料	・直近で向き合うべきテーマに関する資料を深く掘り下げて読み込む
一般資料	・日ごろからあらゆる方面のどんな知識にも貪欲にアンテナを張っておく

・いろいろな要素を1つ1つ**心の触覚**で触ってみて、並べてみて、向きや明るさを変えてみて、**関係**を探し出す

・何か少しでも思いついたら、不完全でもいいから書き留めておく

・何もかも心の中でごっちゃになって、**どこからもはっきりした明察は生まれてこない……**

・**問題を無意識の心に移し**、眠っている間に、それが勝手に働くのにまかせておく

・何でもいいから、自分の想像力や感情を刺激するものに没頭する

・ヒゲをそっているとき／風呂に入っているとき／トイレのときなど……**何気ないとき**にアイデアが心の中に飛び込んでくる

・アイデアを実行するために**忍耐強く手を加える**

図 4-6：『アイデアのつくり方』から得た学び

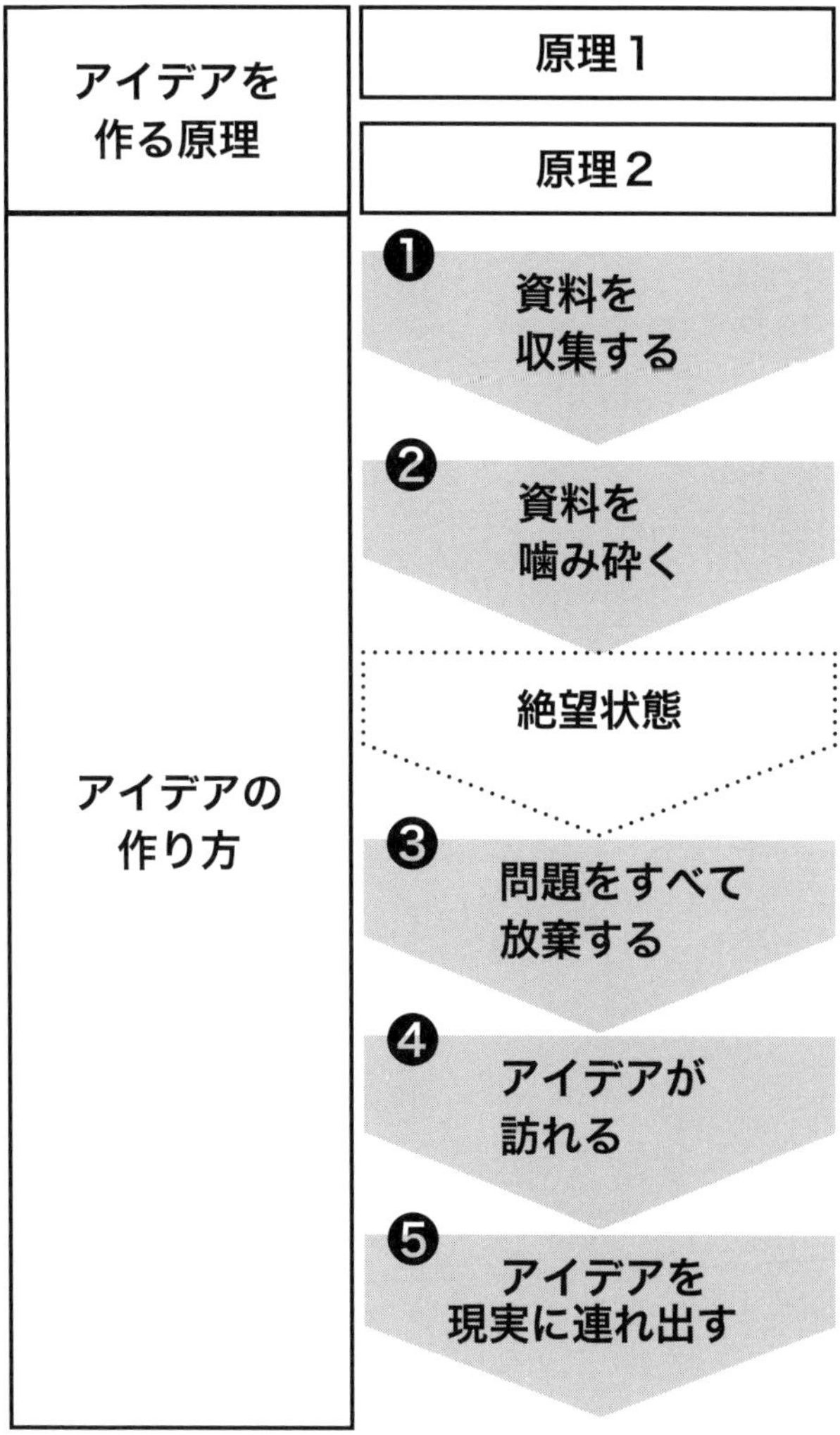

アイデアを作る原理	原理1
	原理2
アイデアの作り方	❶ 資料を収集する
	❷ 資料を噛み砕く
	絶望状態
	❸ 問題をすべて放棄する
	❹ アイデアが訪れる
	❺ アイデアを現実に連れ出す

資産本7

『文章読本』

谷崎潤一郎

中公文庫、1996年

この本との出会いは、決してポジティブなものではないのですが、多くの学びを得るきっかけにもなったので紹介します。発端は2021年4月に自分のブログに投稿した記事「【確定】文章力本の四天王がついに出そろった。」(https://www.biz-knowledge.com/entry-2021-04-24-230000/) です。

文章力を鍛えるためのおすすめ本として『文章力が、最強の武器である。』(藤吉 豊、SBクリエイティブ、2021年)、『書くのがしんどい』(竹村俊助、PHP研究所、2020年)、『取材・執筆・推敲——書く人の教科書』(古賀史健、ダイヤモンド社、2021年)、『「文章術のベストセラー100冊」のポイントを1冊にまとめてみた。』

（藤吉 豊ほか、日経BP、2021年）の4冊を紹介した記事でした。いずれの本も非常にわかりやすく実用的な文章術を教えてくれたので、心の底からおすすめだと思って、この4冊を紹介したわけです。

すると、記事公開の数日後に軽くバズりまして、1日で約3万PVを記録しました。はてなブックマークやツイッターを合わせて1000近くの反応が寄せられ、8割くらいは好意的な内容。しかし、残りの2割は辛辣なもので、「こいつわかっていないな。文章術といえば、谷崎潤一郎らの『文章読本』だろう」「これでよく文章術を語れるな」といったコメントもたくさん寄せられました。

巷のインフルエンサーに対する炎上・中傷の事例と比べればほんの些細なものなのですが、当時の私にとっては初めての出来事でしたので、大いにショックを受けました。しかし、ショック以上に、悔しさが勝っていたため、「そんなに言うんだったら読んでやるよ！」と思い、谷崎潤一郎の『文章読本』を手に取ってみました。

正直言って、最初はこの本の良さがまったくわかりませんでした。理由は2つあります。

1つ目の理由は、昭和の初期に書かれたこともあって、見慣れない言い回しや漢字が多くて、すごく読みづらかったからです。

たとえば、次のような文章があります。

> 一体、現代の人はちょっとした事柄を書くのにも、多量の漢字を濫用し過ぎる弊があります。これは明治になってから急にいろいろの熟語が殖え、和製の漢語が増加した結果でありまして、その弊害につきましては後段「用語について」の項で詳しく述べるはずでありますが、しかしこの弊害の由って来る今一つの原因は、昨今音読の習慣がすたれ、文章の音楽的効果と云うことが、忽諸（こっしょ）に附されている所に存すると思います。

この文章を読んで、スラスラと理解できる人が果たして現在の日本にどれくらいいるでしょうか？

読みやすさの観点で考えると、こんな古い本より、新しい本を買ったほうが、手早く文章術について学べるはず。読んだ直後はそう感じていました。

2つ目の理由は、この本に書かれている文章術は、別に目新しいものではなかったからです。

たとえば、「文章を綴る場合に、まずその文句を実際に声を出して暗誦し、それがすらすらと云えるかどうかを試してみることが必要」と書かれています。この方法論は、この本だけでなく最近発売された本にも書かれています。それもそのはずで、この本をはじめとする過去の文章術に関する本に収録されたエッセンスを、最近の本もしっかり受け継いでいるはずですから。

以上を踏まえると、文章術について同じ内容が書かれているなら、読みにくいこの本よりも、わかりやすく書かれている新刊を読んだほうが効率的ではないか——当初はそう感じていたのですが、今振り返ると「この解釈は薄っぺらいな」と確信を持って言えます。

この本のような古典を読む意味を考えるためにも、2つの軸を紹介しましょう。

1つ目の軸が「読みやすいか、読みにくいか」、2つ目の軸は「役に立つか、意味があるか」です。この軸は、山口周氏が『ニュータイプの時代』(ダイヤモンド社、2019年)で紹介しているものですが、この考え方は読書にも当てはまります。この2軸で捉えると、世の中の本は4つに分類されます。

第一に、読みやすくて役に立つ本です。

たとえば、先ほどの『文章力が、最強の武器である。』『書くのがしんどい』『取材・執筆・推敲・書く人の教科書』『「文章術のベストセラー100冊」のポイントを1冊にまとめてみた。』などの本には、読んだその日から使えるハウツーが非常にわかりやすくまとまっています。この4冊を読めば、文章力が30点の人でも70点くらいに底上げできるはずです。文章術の本に限らず、「役に立つ本=読んだその日から使えるハウツー本」を読むのであれば、わかりやすいに越したことはありません。

第二に、読みにくくて役に立つ本です。ハウツー本を読むときは、明日からすぐに使える技をいち早く知りたいはず。そんな中で、見慣れない漢字や回りくどい言い回しが多用されていたら、どうでしょうか？　まず間違いなく、読書の時間がムダになってしまうでしょう。「読みにくくて役に立つ本」には手を出すべきではありません。

第三に、読みやすくて意味のある本です。

たとえば、池上彰氏監修の『なぜ僕らは働くのか』（佳奈、学研プラス、２０２０年）は、漫画形式で書かれているので、大人も子どもも気軽に読むことができます。その一方で、読めば読むほど、本に引き込まれるでしょう。「なぜ自分たちは働くのか？」という本質的な問いと向き合いながら、人人でも「なぜ自分たちは働くのか？」、この問いを考えたからといって、すぐに何か目に見える成果が出るわけではないため、この本は「役に立つ本」とは言えないかもしれません。しかし、間違いなく「読む意味」はあります。このような「読みやすくて、意味がある本」は、われわれの人生を豊かにしてくれる貴重な本です。

第四に、読みにくくて意味のある本です。

たとえば、古典や哲学書などが該当します。『文章読本』もこの分類に入るのですが、これらの本を読む価値はあるのか？　この問いに答えてくれるのが、堀紘一氏の『できる人の読書術』（プレジデント社、２０１９年）です。

ハンバーガーのように柔らかい食べ物ばかり食べていると咀嚼力が落ちるように、読み飛ばしがクセになっていると、読解力は一向に伸びない。

堅いものをゆっくり時間をかけて噛んで食べていると咀嚼力が高まるように、難しい部分が理解できるまで粘り強く読んでいると読解力はアップしてくる。

難所に差しかかっても、私は決して読み飛ばさない。読み飛ばして本を理解できるほど、私は器用ではないと思っている。

読み飛ばしが多くて歯抜けのような状態では、本当に読んだとは言えない。

つまり、「堅い（難い）ものを咀嚼する力＝読解力」を鍛えるには、古典を解説した本よりも、古典そのものを読んだほうが効果的だということです。

また、古典を読む価値はもう1つあります。それは、「昔も今も変わらず大切なことは何か」「昔は大事にされていたが、現在はないがしろにされていることは何か」

図 4-7：『文章読本』から得た学び

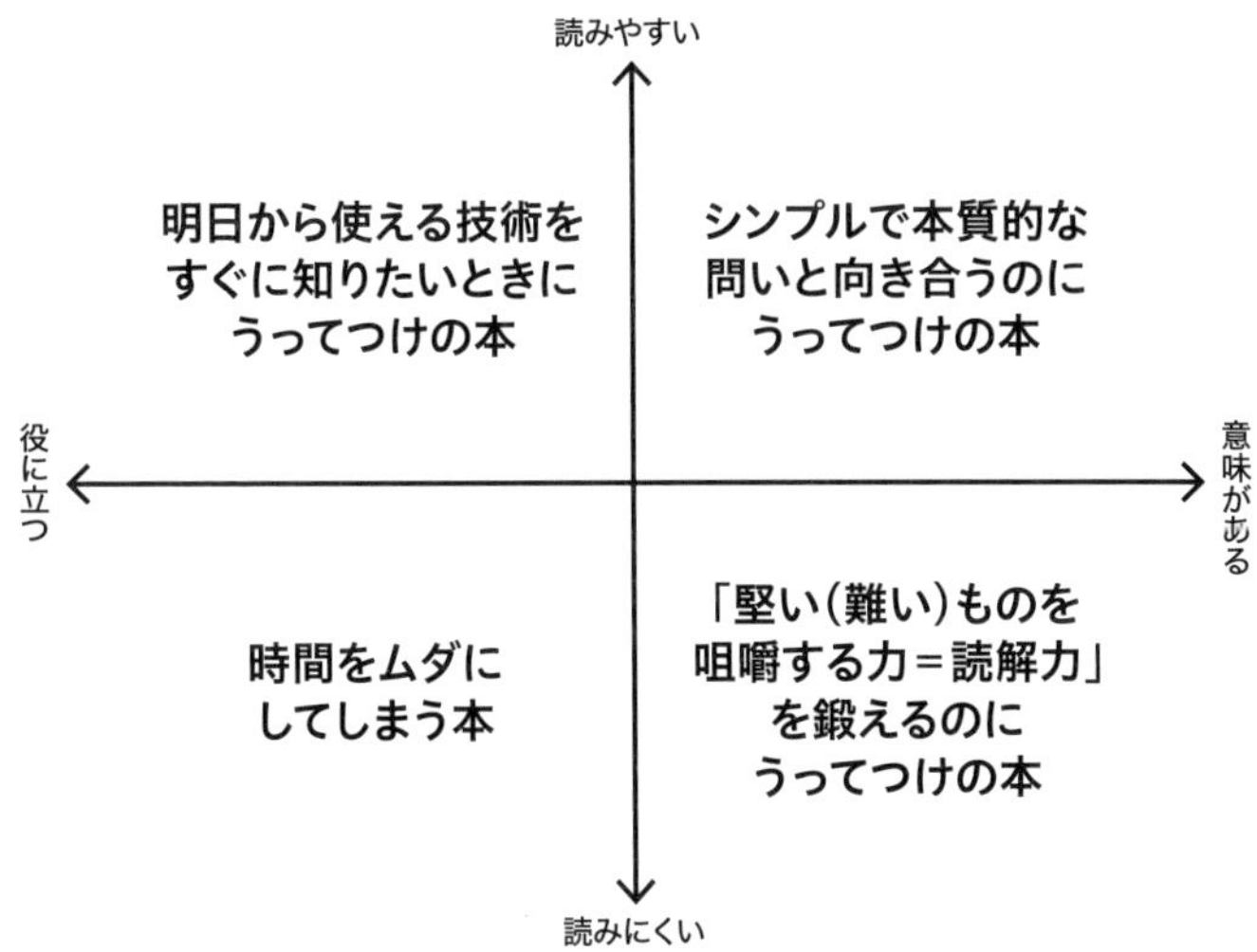

を考えるきっかけになる点です。このような学びは、最近出版された本からは得られないでしょう。

以上のように、『文章読本』からは古典を読む意味について教えてもらいました。私にとって必要なタイミングで必要な指導をしてくれた、とても大切な本です。

資産本8

『アマゾンの最強の働き方』

コリン・ブライアーほか

ダイヤモンド社、2022年

私は新卒入社したコンサルティングファームから現在の事業会社まで一貫して、DX（デジタルトランスフォーメーション）の領域に携わっています。DXと書くと大げさですが、要は「人の時間をムダにするような仕事をなくすこと」を生業（なりわい）としています。

そんな私にとって思考の拠り所になっているのが、GAFAの一角アマゾンの思想です。アマゾンでは、徹底した業務の標準化、文書化、協業の簡素化が行なわれています。会議ではパワーポイントの使用は禁止で、ワードで作成した資料が配られ、資料の黙読からスタートする。他チームとの連携が最小限で済むように、あらゆる業務がセルフサービス化されている。これら1つ1つの取り組みは、「人の時間をムダにするような仕事をなくすこと」を信条とする私にとって、とても魅力的に映りました。

以前までは、アマゾン出身の方から実際にアドバイスを受けながら、アマゾン流の業務・組織改革のノウハウを学んでいました。そして、学んだノウハウを自分が属する組織で実践しながら、少しずつ自分の中で血肉化させていく――そんな取り組みを数年続けていました。

しかし、2022年に入って、驚くべき本が出版されることになります。それがこの『アマゾンの最強の働き方』です。これまでもアマゾンの制度や仕組みを紐解いた本をいくつも読んできましたが、この本が最も「アマゾンの本質的な仕組み」に触れているように思います。

本書には、制度や仕組みの内容だけでなく、そこに至るまでの試行錯誤や失敗事例まで、500ページにわたって事細かに記されています。なぜ、そこまで詳細に記せるのか。それは、著者が「アマゾンが数十人規模の時期から、CEOの懐刀（ふところがたな）として事業拡大を支えてこられた方々」だからです。

よく「外資系企業で働いてみてわかったこと」が書かれた本を見かけますが、そういった本とは比べようがないほど深い。なぜなら、この手の本は、基本的に「すでにできあがった仕組みの恩恵を受けている人」が書いているからです。

それに対して、『アマゾンの最強の働き方』は、そういった仕組みそのものを汗水流して作った人が書いています。どんな課題に直面して、どんな施策を打ったら失敗して、どうやって解決したのか、まさに「思考の跡」が赤裸々に語られています。制度や仕組みの内容といった上っ面の情報だけでなく、その裏側にある「思考の跡」まで知っておいたほうが、自社で真似するときも参考にしやすいのは当然でしょう。

では、本書から学んだことは具体的に何なのか？

たくさんあるのですが、あえて絞ると次の3つです。

1つ目の学びは、「依存関係が少ない組織こそ、自律的に動きやすい組織」ということです。

普通であれば、組織が大きくなればなるほど、依存関係も多くなります。「あの人に確認しないと進められない」の「あの人」が多ければ多いほど、依存関係が多い組織といえます。定量的に表現すると、たとえば組織に3人メンバーがいるとしましょう。このときのコミュニケーションのルートの組み合わせは、${}_3C_2 = 3 \times 2 \div 2 = 3$通りです。しかし、組織のメンバーが4人になると${}_4C_2 = 4 \times 3 \div 2 = 6$通り、5人になると${}_5C_2 = 5 \times 4 \div 2 = 10$通りと、メンバーが増加するペース以上にコミュニケーションのルートは増えていきます。大企業ほど身動きが取りづらいのには、こういった背景があります。

アマゾンもこの問題に直面し、さまざまな解決策に取り組んだそうです。そして、本質的に大事なのは「人同士の依存関係を減らすこと」だと気づき、次のような取り組みを行ないました。

・関連性が高い業務を行なっている人たちを小さいチームの単位でまとめる。小さいチームの単位とは、具体的には10人以下。アマゾンではこれを「ピザ2枚ルール」と呼ぶ

・次に、チーム同士の依存関係を最小化させる。チーム同士の調整が必要な場合も、調整の方法を明文化しておくことで、直接のやりとりを最小化させる

イメージしやすいように、具体例として、自社のホームページに情報を載せる業務を想像してみましょう。極端に表現すると、依存関係が多い組織の場合、ホームページに何かの案内を表示するにしても、東京支店、大阪支店、福岡支店、北海道支店、名古屋支店と、全国すべての承認を得なければなりません。これではコミュニケーションコストが大きすぎて非効率です。

この状態を解決すべく「ホームページに案内を表示させるチーム（Aチームとしましょう）」を10人以内で編成します。Aチームには、全国の各支店の承認を取ることなく、ホームページに案内を表示させることができる権限を与えます。しかし、全国の各支店の人たちも、ホームページに何か案内を載せたいシーンもあるでしょう。そういうときのために、「各支店の人たちが、ホームページに案内を載せる手順・フロー」を明文化しておきます。そうすれば、各支店の人たちも、いちいちAチームとミーティングをして調整をする必要もなくなります。

この例は単純化しすぎましたが、「組織を小さいチームの単位に分ける」「チーム同士の調整を最小化する」という考え方は、私がDXを推進していくうえでの拠り所になっています。

しかし、依存関係が少ない組織を作るためには、ただ小さいチームの単位に分けるだけではうまくいきません。そこで大事になってくるのが、残り2つの学びです。

本書で得られた2つ目の学びは、徹底的に明文化するカルチャーです。

依存関係が少ない組織に変えるためには、いちいち会議や調整をしなくていいように、フローやルールを明文化しておく必要があります。何かをやりたいときに、誰かに聞かなくても、文書を見てセルフサービスで動くことができる。そのための明文化の意識をＤＮＡレベルで社員に刻み込んでいる点が、まさにアマゾンの強さの秘訣です。

有名な話ですが、アマゾンの会議ではパワーポイントや口頭説明が禁止されています。代わりに、叙述式の文章で表現された6ページ程度のワード文書を用意する必要があります。要は、口頭説明がなくとも「読めば誰でもわかる状態」で情報を明文化します。会議のお作法レベルで明文化にこだわっているアマゾンだからこそ、「誰かに聞かなくても、セルフサービスで業務を遂行できる状態＝依存関係が少ない状態」を実現できているのでしょう。

３つ目の学びは、「自分よりも優秀な人を採用する」という考え方です。依存関係が少ない組織では、何かをやりたいときに、誰かにいちいち聞くことなく、メンバー1人1人が自律的に意思決定しながら動いていかなくてはなりません。

しかし、自律的に意思決定するためには、高いレベルの能力が求められます。難易度の高い課題に直面しても、少人数のチームで解決に向かわなくてはならない。そのための優秀な人材を確保するために、アマゾンでは「バー・レイザー（バーを上げる人）方式」という採用手法が実施されています。これは「新しく採用する人は、すでにいる社員よりも少なくとも1つ（できれば多く）の重要な点で秀でている必要がある」というルールです。

しかも、この採用基準を維持するために、「バー・レイザー」と呼ばれる採用のスペシャリストが、必ず採用プロセスに絡むそうです。加えて、採用面接のフィードバックを社内で行なうときは、口頭説明は厳禁ですべて文書で行なわれるのです。この徹底ぶりには大いに驚かされました。

以上、本書から得られた学びを3つ紹介しました。最後に、この3つの学びを得る中で、改めて私が感じたことを付け足しておきます。

第一に、何かしら突出した結果を残している企業は、得てして「引いてしまうような（真似もしたくないような）仕組み」がある、ということです。日本電産がコスト削減のために実施していた「1円稟議」しかり、トヨタが不良品を出さないために行なっていた「トヨタ生産方式」しかり、端から見ていると「変態的」とも思えるような異常なこだわりこそが、企業の競争力の源なんだと気づかされました。

この話は私たち個人にも当てはまります。ほかの人が思わず引いてしまうくらいのレベルで何かにこだわってみる。

たとえば、「パワーポイント資料を作るときはミリ単位で美しさにこだわる」「どんな些細なトラブルであっても必ず問題を構造化して網羅的に解決に挑む」「業務が属人化しないように必ず明文化する」など、何か1つでかまわないので他人が「まいっます。

た！」と思うレベルのこだわりを持っておくと、日々の仕事が豊かになるのだと思い

第二に、施策や打ち手が作り出す「生態系」に着目することです。今回のアマゾンの事例は「依存関係が少ない組織を作るために、明文化する文化や採用の工夫が必要」「良い人材を採用するためには、認識の齟齬が発生しないように、採用時のフィードバックまで徹底的に文書化する」など、複数の施策が重なりあって、1つの生態系を形作っていました。この生態系を意識せずに、1つの施策だけを切り取ってもうまくいきません。

たとえば、アマゾンのバー・レイザー方式だけを取り入れても、明文化する文化が浸透していないと、採用担当の主観で採用活動が進んでしまうでしょう。その場合、採用する人材のレベルがバラつき、思ったような効果を得ることができません。したがって、ビジネス書で紹介されている施策を1つ1つ切り取るのではなく、1つの「生態系」として全体観を持って捉えることが重要になります。

図 4-8：『アマゾンの最強の働き方』から得た学び

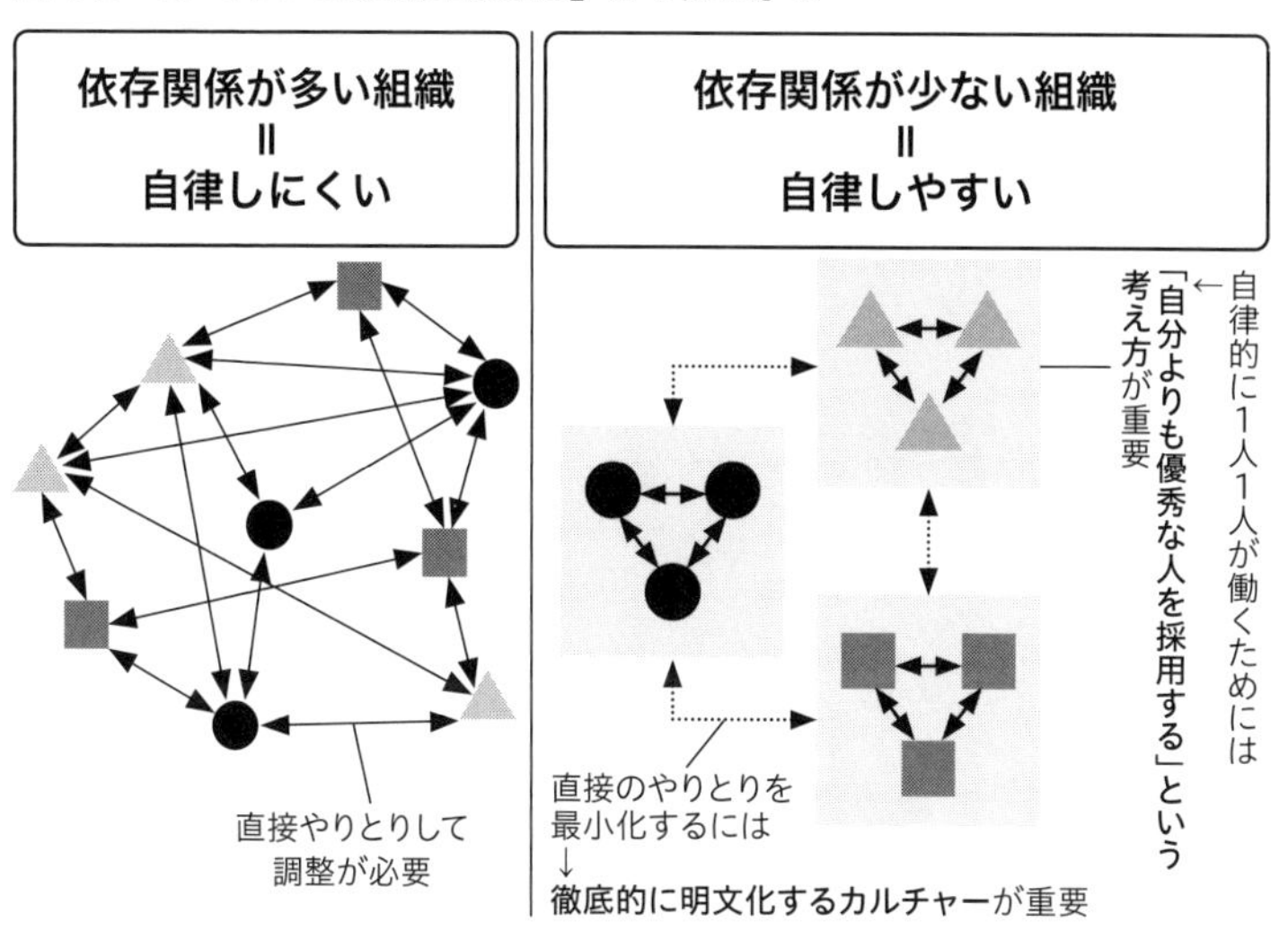

おわりに

「時間をムダにしてはならない。人の2倍生きねばならない」

これは、私が物心ついたころから、信念として大事にしている言葉です。

きっかけは、私と同い年の従兄弟の存在です。従兄弟は、耳が聴こえず、足が不自由な状態で誕生しました。母と叔母が非常に仲が良かったこともあり、私は叔母にもこれ以上ないくらい可愛がってもらいました。そんなときに、ふと言われた言葉がありました。

「この子のぶんまで、充実した人生を送ってほしい」

保育園児だったため、当時の言葉を一言一句正確に覚えているわけではありませんが、今でもずっと心の中に残っています。

ですので、幼い頃から「人生の限られた時間をこのことに使う意味は何なのか？」「従兄弟のぶんまでがんばらなくてはならない」と強く強く感じていました。「この宿題に時間を割く必要があるのか？」「旅行の移動時間はなぜこうも長いのか？　旅行なんて行かなければいい」などと、今思うと恥ずかしいばかりの暴論で、周りを困らせてもいました。

そうやって調子良く生きていたわけですが、高校のときに挫折を味わいます。高校1年生の冬に、自律神経系の病気になり、不定期に訪れる動悸に苦しめられました。教室に入って授業が始まったときも「今、急に動悸がきたらどうしよう!?」と思うと、だんだんと息が苦しくなって過呼吸気味になる。友人と話しているときも、突然身体が熱くなって、心臓の動きが激しくなる。多感な時期にそんな症状に陥ってしまい、友人づきあいもうまくいかず、感情も大きく乱れました。高校3年生になっても症状は落ち着かず、勉強も十分にできなかったため、浪人をすることに。私は高校3年間のことを「暗黒時代」と呼んでいます。

そうして始まった浪人生活はイベントも少なく、高校よりも時間のやりくりを自由にできたため、少しずつ体調も回復。症状も少しずつ落ち着いてきたため、60分間教室のなかでパニックを起こさずに授業を受けられるようになりました。

このとき「周りと同じように、当たり前のように学べることが、どんなにありがたいか」を痛感しました。

それ以降、本を飽きずに大量に読み漁ったり、大学のゼミで1人で100ページ超えの論文を書いたり、MBA取得の怒涛の日々に夢中になれたりしたのも、病気を経て「学ぶ楽しみ」に気づけたからだと思います。暗黒時代として二度と思い出したくない高校3年間ではありますが、あの絶望の3年間がなければ、学ぶ楽しみに気づくこともなかったでしょう。「思い出は絶対値」です。マイナスに振り切った経験が、いつプラスに作用するかわからない。人生行き当たりばったりも悪くない。第2章で述べた「川下り型」の選書術も、この経験から着想を得ました。

この「学ぶ楽しみ」を原動力に、「はじめに」で述べたコンサル時代の激務を乗り切り、ほぼ定時で帰りながらも上位5％の評価を獲得。MBAも「限られた時間で、誰よりも学び倒してやる」と鼻息荒く、全科目A評価のトップ成績で卒業。そうやって調子に乗っていた矢先。

2022年5月に、叔母が突然他界しました。

「時間をムダにしてはならない。人の2倍生きねばならない」という信念を授けてくれた叔母が他界したことで、よりいっそうこの信念を強く抱くようになりました。同時に「いつ死ぬかわからない。今のうちから、自分が得たものを周りに還元しなくてはならない」と決心しました。

その後、MBAで学んだことを活用しながら友人の起業を本格的に手伝いはじめることに。時を同じくして、偶然にも、フォレスト出版さまにお声がけいただき、本書を出版する機会をいただきました。「自分が得たものを還元しなければ」と決心した直後の出来事だったので、これには挑戦せざるを得ませんでした。

この本を書くことは、私の信念とも重なる部分があります。「時間をムダにしてほしくない。読書のタイムパフォーマンス最大化に、何とか貢献したい」という想いをこめ、執筆いたしました。

執筆活動は、思ったよりも大変ではありませんでした。大学時代の某エグいゼミで300ページ超えの共同論文を6人で書いた（書かされた？）経験や、コンサル時代の無限赤入れ、MBA時代のレポート地獄を経験させていただいたおかげでしょう。これらの経験も当初は絶望感しかありませんでしたが、やはり「思い出は絶対値」です。あの頃のマイナスに振り切った経験がなければ、本書は完成していなかったでしょう。

ほかにも、本書を完成できた大きな要因があります。本業と副業がある中で本書を執筆できたのは、限られた貴重な時間をサポートに充ててくれた妻と息子のおかげとしか言いようがありません。本当に頭が上がりません。

最後に、この一文を書くまでの人生で出会った1人1人の方々と、この本を手に取ってくださった読者の皆さまに心から感謝申し上げます。

2022年12月　本山裕輔

本山裕輔（もとやま ゆうすけ）

株式会社グロービス勤務
1992年生まれ。佐賀県出身。慶應義塾大学商学部卒。

グロービス経営大学院MBA修了。

2016年に新卒でPwCコンサルティングに入社し、大企業の業務改革や営業・マーケティング強化の支援、システム導入のプロジェクトマネジメントなどに従事。

2019年に株式会社グロービス入社。グロービス経営大学院にて業務改革やデータマネジメントをはじめとしたDXを主導。音声メディアVoicy「ちょっと差がつくビジネスサプリ」のパーソナリティを務めつつ、オンライン動画サービス「グロービス学び放題」にも出演するなど、コンテンツ制作・発信活動を担う。

個人としては、2019年からビジネス書の書評サイト「BIZPERA（ビズペラ）」を運営し月8万PVを達成。また、株式会社comveyの立ち上げ支援やUXデザイン、プロダクトマネジメントに携わる。

Twitter　@ysk_motoyama
書評サイト「BIZPERA（ビズペラ）──ビジネス書評はペライチで」
https://www.biz-knowledge.com/

投資としての読書

2023年2月23日　初版発行

著者　本山裕輔
発行者　太田 宏
発行所　フォレスト出版株式会社
〒162-0824　東京都新宿区揚場町2-18　白宝ビル7F
電話　03-5229-5750（営業）
03-5229-5757（編集）
URL　http://www.forestpub.co.jp
印刷・製本　萩原印刷株式会社

©Yusuke Motoyama 2023
ISBN978-4-86680-217-6　Printed in Japan
乱丁・落丁本はお取り替えいたします。

『投資としての読書』購入者特典

「読書を資産に変えるためのチェックリスト」

特別データ

著者 本山裕輔さんより

本書で解説した読書術を日常的に実践していただくのに役立つ「読書を資産に変えるためのチェックリスト」(PDFファイル)を用意いたしました。本を選んだり読む際に、このPDFファイルで紹介したチェック項目を1つずつ確認することを習慣化していただくことで、読書力が大幅にアップします。ぜひともご活用ください。

特別プレゼントはこちらから無料ダウンロードできます↓

https://frstp.jp/dksh

※特別プレゼントはWeb上で公開するものであり、小冊子・DVDなどをお送りするものではありません。

※上記無料プレゼントのご提供は予告なく終了となる場合がございます。あらかじめご了承ください。